ビジネスチャンスはこんなに身近に！
地方自治体に営業に行こう!!

小さな会社でも
売上げ増やすなら官公庁をねらえ!
できる!

古田 智子
株式会社ＬＧブレイクスルー 代表

実業之日本社

はじめに

地方自治体が民間企業に発注するお仕事は建設・土木だけ。そして入札金額の安さだけで受注先が決まる。皆さんはそんな風に思っていらっしゃいませんか？

この本は、建設・土木以外のいろいろな分野で自治体と民間企業が取り組んでいるたくさんのお仕事、いわば「地方自治体ビジネス」の実態と、その市場に参入する上での基本的な営業活動の全体像をお届けすることを目指しました。

私は国や地方自治体を事業領域としたコンサルティング業界に籍を置き、営業責任者として競合他社と切った張ったのビジネス生活を20年近く続けている中で、年々ある「もやもや」が自分の中に澱《おり》のように沈殿していくのを感じていました。

地方自治体が民間企業に発注するお仕事の中で建設・土木はほんの一部なのです。中小企業支援や地域活性化、マーケティング関連、女性の社会進出支援、職員研修などの人材育成、観光関係やイベントの開催、アプリの開発など、こんなにバラエティ豊かなお仕事があるのに、そのことがなんであまり一般企業に知られていないんだろう？

なぜこんなにも知られていないのか、原因は二つあるように思います。

ひとつは、国や地方自治体、いわゆる「官」が発注するお仕事には、メディアの報道による「官製談合」「不祥事」などのダークなイメージが社会に根強いということ。「建設・土木」→「入札」→「談合・贈収賄」→「逮捕」→「不信」。この五段論法ともいうべき思考回路が多くの方々の頭の中に刷り込まれていて、地方自治体ビジネスに対する固定概念ができ上がっているということです。

もうひとつは、当の地方自治体側の情報発信のあり方です。

「さまざまな分野にお仕事がありますよ」という情報を伝わるように伝えるのが少々不得手なように思うのです。

多くの場合、地方自治体が民間企業へお仕事を発注する際には公式WEBサイトでその情報を開示します。「ちゃんと情報発信はしていますよ」ということなのですが、そもそも民間企業や世間の側にこうしたお仕事があるという認識が行き渡っていないわけです。常連としてお役所と取引している民間企業ならともかく、いまの地方自治体側の情報発信の仕方ではお役所のWEBサイトを企業がチェックしようという行動に結びつかず、多くの企業にその情報がなかなか届いていないのが現状です。

地方自治体ビジネスは営業活動面でも利点がたくさんあります。抜け目ない営業トークを駆使して高いプレゼン力を持つトップ営業マンがいなくても大丈夫。どんな企業にも公平にチャンスは与えられています。おまけに直接・間接的に世のため人のためになるお仕事ばかり。やりがいは折り紙つきです。大企業・中小零細企業を問わず、高い技術やノウハウを持つたくさんの民間企業が地方自治体ビジネスに挑戦してくれるようになれば、もっと素敵な地域づくりができるのに。うーん。これってほんとにもったいなくて残念なことだなぁ。どうして誰もこのことを言わないんだろう。

私の「もやもや」が飽和状態になった2014年5月のある日、とても簡単な事に気づきました。

「そっか。誰も言わないんなら私が言っちゃえばいいんだ」

これがこの本を書いた直接のきっかけとなりました。

そんなわけで、この本はあくまでも地方自治体ビジネスを全くご存知ない方を対象としています。地方自治体って何？　から始まってお仕事の取り方の概要まで。これ一冊を読めばザックリとわかるように書きました。

序章は、ドキュメンタリータッチのフィクション仕立て。まずは地方自治体が発注するお仕事の情報を入手してから受注するまでの現場をお伝えしています。

1章では、多くの民間企業が地方自治体ビジネスに参入しやすくなったその背景についてご紹介しました。

2章では、実際にどんなお仕事が民間企業に発注されているのか、発注自治体、お仕事の内容、予算額を17分野67件について一挙大公開。「こんな仕事もあるんだ！」と新しい発見があれば幸いです。

次の3章では、ビジネスの相手となる地方自治体とはどんな組織なのか、その概要と地方公務員さんの実務の実態をQ＆Aなどを交えてお伝えしています。皆さんが地方自治体や地方公務員に抱いているイメージが少し変わるかもしれません。

つづく4章では地方自治体ビジネスのメリットとデメリット、5章ではちょっととっつきにくい「自治体予算」のあらましを書きました。このあたりはビジネスをする上でしっかりとおさえておきたいところです。

6章は本書のメインイベント。地方自治体ビジネスに参入するときのお仕事の取り方について情報の集め方から入札・企画提案の取り組み方までまとめました。「地方自治体ビギナーの視点でなるべくわかりやすく」がこの章のコンセプト。全体像がつかめるように組み立ててあります。

最後の7章は、地方自治体と対等なビジネス・パートナーとして信頼関係を獲得するための方法について代表的なものをご紹介しました。地方自治体ビジネスに取り組む上で最も大切なのは互いのパートナーシップ。ぜひ素晴らしい信頼関係を築いて、地域をそして私たちの国をより良くするいい仕事をしてください。

さあ、ページをめくってください。誰も言わなかった地方自治体ビジネスの真の姿とその魅力を知っていただくことができるでしょう。

目次

1　それは区役所のホームページから始まった

平成25年1月21日、冷え込みが厳しくなってきた深夜。仄暗いデスクライトの灯りの中でパソコンに向かう私の目に、ある情報が目に止まりました。それは東京都港区役所のホームページに出ていたあるお知らせでした。

「港区中小企業ワーク・ライフ・バランス支援業務委託プロポーザル募集」

港区役所の産業振興課が発注するお仕事へのエントリー企業の募集です。お仕事の内容は、講演会が1本、企業向け個別相談会2本、セミナー2本、ハンドブックの作成が1本。予算180万円。難しい参加条件も設けられていません。

すぐにお付き合いのあるママさん公認会計士で友人の河野みほさんにメールを入れます。

「河野様、大変お世話になります。かねてご相談をいただいていたことのご趣旨にちょうどいい案件が港区から公募されていました。応募条件、予算規模も申し分なく、先方のご意向に合った案件かと存じますがいかがでしょうか。遠藤様にお伝えいただいた上でご検討をお願い致します」

「先方」とは、子育てベンチャー企業「Woman Value株式会社」さん。創業して間もないため、官公庁の業務を受託することで信用力を高めたいと河野さんを通じて相談があったのです。

1月23日、WV社から正式な依頼がありました。私の仕事は、WV社がこの港区案件を他社を制して受注できるようにサポートすることです。

戦いの火蓋はこうして切って落とされました。

2 えええ⁉　戦う相手は今をときめく超有名団体だった！

1月24日、WV社の会議室で関係資料を広げて隅から隅までチェック。まずは資料の読み込みと情報収集です。さて、どう戦えば勝てるのか。

特に重要なのはライバル会社の動向。港区ホームページで前年度の事業を確認すると、昨年度も同じ名前のお仕事が。早速受託企業を調べます。

どれどれ、どこの会社が受託したんだろう。選定結果でキーワード検索した画面に出てきたその団体の名前。戦慄とともに冷たい汗が背中につーっと伝うのを感じました。

まさか、嘘でしょ。ここが手がけてたなんて。

それは子育て支援の分野で知らない人はいない超有名団体。経済産業省から独創的な子育てサービスを提供していることでいくつもビジネス賞を受賞しています。

どうする？　降りるか？

いや、どこかに勝機は必ずあるはず。完璧な組織なんて世の中にはないんだから。再び資料の読み込みです。

3　勝機を探せ！　突き止めた意外な事実

強豪と闘う上での勝ちポイントはどこか。資料を徹底的に洗います。

応募資料の審査基準はこうなっています

①　事業の運営に意欲的・積極的な姿勢が見られるか

②　本業務の意図・目的を充分に理解しているか
③　ワーク・ライフ・バランスに関しての講演会等の実績と企画・運営する能力があるか
④　企業等に対するワーク・ライフ・バランス支援業務の十分な実績と企画・運営する能力があるか
⑤　区内中小企業に対する特性の課題に対する充分な理解があるか
⑥　産業振興課と適宜必要な報告、調整を行い、区の意向にそって業務を遂行できるか

①、②、⑥はまあ何とかなります。③と④が頭の痛いところ。WV社の強みは子育て支援への高い志ですが、まさに「実績」が最大のアキレス腱。なにせ立ち上げて1年未満の会社です。港区が求めるこんな実績はありません。

そして最大の難関が⑤。「区内中小企業に対する特性の課題」への理解。よほど区内中小企業の現場に精通していないとわかりません。

文献情報だけじゃ足りない。そう考えた私は、区内の中小企業の事情に詳しい経営者や港区の中小企業支援施設に直接聞き込みをすることにしました。資料にない情報は足で稼ぐ。

飛び込み営業をやっていた営業ウーマン時代の血が騒ぎます。

そして2月3日。これしかないという勝機を見つけた私はＷＶ社の経営層との戦略会議に臨んでいました。

まずは、「区内中小企業の特性への理解」。それは「港区内の中小企業を元気にする」という企画提案のコンセプトに活かしました。

足で稼いだヒアリングでわかったこと、それは「港区は東京23区で最も中小企業数が多い」という事実でした。そこで経営課題解決の手段としてワーク・ライフ・バランスを位置づけ、23区で最も数が多い中小企業の経営力全体の底上げに貢献する。この姿勢を前面に打ち出しました。あえて子育て支援色を薄くすることでライバルと差別化が図れるし、発注元の産業振興課の意向にも刺さるはず。勝機はここしかありません。

もうひとつは実績。「外から自治体の実績とノウハウのある専門家を連れてきてメンバーを編成しましょう」。中に人材がいなかったら外から連れてくるしかありません。

協議の結果、ワーク・ライフ・バランス関連で中小企業への指導実績のある個人の専門家、それも自治体の業務実績がある方を集めて闘うことにしました。

正直寄せ集めになりますが、チームワークでなんとかなるはず。その夜、河野さんに自治体業務実績のある専門家を集めてもらうようお願いのメールを送信。どんなメンバーが集まるんだろう。不安と期待が入り混じります。

4 集った7人の勇者たち。その顔ぶれと、はっきり言って想定外の事態

2月13日午前9時30分。再びWV社オフィスで。

「おはようございます！」。明るい河野さんの声でドアが開きました。つづいておはようございます、どうもです、とぞろぞろメンバーが入室。河野さんが自治体実績のある中小企業支援の専門家を集めてくれたのです。

集ったメンバーは1、2、3…、全部で7名。早速自己紹介が始まりました。

朴健二さん。企業会計だけではなくITソリューションなど経営課題全般に強い公認会計士です。

小柴絵美子さん。働く女性を応援する中小企業診断士。

野寺友美さん。OLから弁護士に転身、中小企業の強いミカタとして数々の法務相談をこ

なしています。

吉川真砂子さんは地域密着のお仕事をしている行政書士。

山村幸恵さん。中小企業から絶大な信頼を受けている司法書士です。

黒江輝美さん、働く女性の労務問題に詳しい社会保険労務士。

そして最後は河野みほさん。メンバーのリーダー的存在の公認会計士。お母さんと士業を両立する方々のネットワークを主宰しています。

全員に共通していること、それは中小企業の経営現場に強いこと。そして朴さんを除いて自らが働きながら子育てをしているワーク・ライフ・バランスの実践者であること。ありがとう河野さん！　まさに7人の勇者、多彩なスキルを持つ最強のメンバーが集ってくれました。

「ところで、」と私。「みなさん自治体のお仕事はどんなことをやってこられたんですか？」

とたんにその場に流れるビミョーな雰囲気。みんな顔を見合わせています。「そうそう、なんか皆さん自治体の経験ってないみたいなんですよ」と、ここへ来て河野さんの爆弾発言が炸裂。

なっ…、なにィイイイイ？　私の心に一閃、劇画調のカタカナ文字で衝撃が走りました。にこにこ笑う河野さんは「だって自治体の仕事やったことある人なんて士業にはまずいませんもの。ね、朴さん」

話をふられた朴さんが続けます。「うん。まずいないと思う。そもそも自治体って民間企業にこんな仕事も出してるんだね。道路工事だけだと思ってたよ」「あ、私もそう思ってた」「私も」と山村さん、吉川さん。

「この仕事、ちゃちゃっと資料まとめればお金なんてすぐ降りるんじゃない？」。ひー、黒江さん。それは補助金ですから補助金。

「私さあ、自治体の仕事ってキャッシュフローが厳しいから大変だと思うんだよね」。うおっ、この空気でホントのこと言ってどうする、小柴さん。

そして全員の会話を黙って聞いていた弁護士の野寺さんが最後にトドメの一言。「要するにみんなこの仕事やるの？　やらないの？」って、そっからですかい！

まさに想定外の事態。これでは自治体向けの実績が作れません。企画提案書の提出期限が1週間後に迫っている今、もうこのメンバーでいくしかありません。

実績がないところはもう奥の手も奥の手、最終兵器です。それは私自身を使うこと。自治体業務の実績で中小企業支援に絡むものをとにかく挙げるだけ挙げて、プロジェクト・マネージャーを担うことでチームとしての自治体実績をフォローすることにしました。

5 掟破りの企画提案書づくり

2月16日午後13時。再びメンバーに集まってもらって、企画提案書のコンテンツ作りです。もう企画提案書提出まで残り1週間を切っています。そこで取った方法は、ブレーンストーミングで出たプランをその場でまとめ企画提案書に入力し落としこんでいくというもの。入力担当は私、それぞれの担当分野ごとに時間を区切り、「港区中小企業を元気にする」ことを目的として思いつくプランをばんばん出してもらいます。

「集客はマーケティングの観点からこのフェーズで告知していこう」「ワークショップはこんな展開にしようよ」「だったら講演テーマはこっちにしようよ。中小企業の現場ってそんな甘いもんじゃないし」「ハンドブックは中小企業のおじさんたち、大きいと手に取らないよ。手帳サイズはどうかなあ」

おおお、さすがは中小企業経営の現場を知り尽くす専門家。どのプランも中小企業の社長さんが泣いて喜びそうなプランばかりです。これならいける。手応えを感じました。

一方その光景は、各自持ち込んだクッキーやチョコレートなどのお菓子を机いっぱいに広げてわいわいがやがや。端から見ると楽しい女子会です。そして男子でありながらその場に違和感なく溶けこんでお菓子をもぐもぐ食べている朴さんって女子力高すぎ。

みんな楽しくリラックスしているせいか、とにかく面白そうなプランが出るわ出るわ。それを端っから入力する私はと言えば、目を吊り上げてひたすら打つべし、打つべし。腱鞘炎寸前の憂き目に会いましたが、自治体向けのお固い企画提案書とは全く視点の違う、産業振興課の心を鷲掴《わしづか》みにするのに充分な企画提案書が仕上がっていきました。

さあ、あとは決められた体裁と部数で企画提案書をまとめて、提出するばかりです。

6　1次審査突破！　ここでふりかかった、さらなる試練とは

3月8日午後5時。副社長からです。「港区から通知が来まして一次選考通りました」

よし！　と心のなかで呟いたのもつかの間。「でも、プレゼンテーションには社員を参加させるように、って書いてあるんです。これはどう考えればいいんでしょう」

さあどうする。さらなる試練です。

3月14日。一次選考を突破したにも関わらず、集まった全メンバーには重苦しい空気が流れていました。

「もうホントびっくり。どうしてバレたんだろう…」と河野さん。企画提案書にはチームメンバーは正社員だとは書きませんでしたが一つのチームとして連携して取り組むことはしっかり訴求していたからです。「だよね。これ絶対にうちのチームを意識した通知だよね。なんかさぁ、俺ら港区に嫌われてるんじゃない？」と朴さん。

「もし尋ねられたら、構成員イコール社員と弊社は考えております、と図々しく言い切って下さい」。私はメンバーに伝えました。「とにかくこれで押し通します。大丈夫。名刺はもう手配済みです」。一同不安そうな表情ながらも頷いてくれました。

そしてプレゼンメンバー選び。3名が上限です。企画提案書の全体像が分かっている私、経営的な判断でその場で意思決定ができる社長、この2名は決まり。残り1名を誰にするか。メンバー満場一致で河野さんご推薦です。

「えっ、私そんなプレゼンなんてできない。経験ないし」と河野さん。確かにそうかもしれません。でも自らの子育ての体験や中小企業への指導経験から実践的な話ができる。それに専門家集団を集めてくれたのは彼女です。各自の仕事もよく知り尽くしている。混成チームの良さを伝えられるのは彼女以外にいません。そのことを訴えると、彼女の負けず嫌いに火がついたようです。「うん、やってみる」。これでメンバーは決まりました。

そして決戦当日。オレンジの西日が差し込むフロアで顔を合わせた社長と河野さんの表情、おお、明るい明るい。全員に勝つぞというオーラが漲《みなぎ》っています。こんなときは必ず勝利の女神は微笑んでくれるもの。

本番5分前、エレベーターで会場の6階へ。スーツのジャケットを羽織り直して背筋を伸ばした私は「さあ、行きましょう」と笑顔で二人に声をかけ、失礼します、とプレゼン会場のドアを開けました。

7　かくしてサクラは咲いた

3月22日深夜。チームメンバー全員に社長から一通のメールが届きました。開くとそこには一言だけ。「サクラサク」。それは自治体業務の経験も実績もない寄せ集めチームが強豪を制して港区の業務を勝ち取った瞬間でした。

1週間後、3月29日。WV社近くの千鳥ヶ淵でメンバーと彼女たちのお子さん総出で少し早いお花見です。

おつまみには目もくれず、子どもたちと一緒にお菓子もぐもぐの朴さんは「いやほんとよく勝てたよね。大変だったよなぁ」。すかさず合いの手を入れる河野さん。「朴さんなに言ってるんですか。大変なのはこれからでしょ、これから」

そう、港区産業振興課からＷＶ社に委託してよかったと思ってもらえるように信頼関係をしっかりと創っていかなければなりません。そしてワーク・ライフ・バランスの推進というこの仕事を通じて港区内の中小企業にどれだけ貢献し、彼らのビジネスの発展をどこまで支援できるのか。本当の戦いは、まさにこれから始まるのです。

1章

時代はこんなに変わった！
求められているのは
対等な「ビジネスパートナー」

1 官公庁とのビジネスに吹く4つの追い風

「お役所が発注するお仕事」というと、皆さんは何を思い浮かべますか。年末の道路工事でしょうか、それとも橋や建物の建設でしょうか。

実は建設や土木工事などの「公共工事」はごく一部。私たちが住みやすく働きやすい地域社会をつくるためのいろいろなお仕事が、国や全国の地方自治体から民間企業・個人事業者・NPO団体などに発注されています。それもほぼ毎日のように。

一昔前には考えられなかったこうした民間企業への幅広いお仕事の委託発注、これには4つの背景があります。

(1) 社会情勢が変わり市民のニーズが多様で複雑になった

私たちがいま住んでいる社会で「当たり前」になっていることを思い浮かべて下さい。

蛇口をひねると、お腹をこわしたりしない安全な飲み水が出てくる。鉄道の駅や街なかで水洗トイレが使える。行きたい場所があれば、舗装された道路を車で運転して短時間でたどりつける。歩いて近所にお買い物に行くときも、靴が泥まみれになることなくショッピングを楽しめる。お陽さまが沈んでも、替わりに街灯が明るく輝いて家への帰り道を照らしてくれる。学校や病院探しに困ることはほとんどない。

これら「当たり前」のことは、わたしたちの日本が第二次大戦後から高度成長期を経る中で、ほとんどすべて国や地方自治体が段取ってつくってきたものです。

この時期、地方自治体の民間企業や地域住民に対する姿勢は、言い方は荒っぽいかもしれませんが「上意下達」。当たり前を実現するために、国や地方自治体は率先して社会の基盤をどんどんつくりあげていきました。民間企業や一般市民の多くが「お役所が発注するお仕事は建設や土木工事」というイメージを今も持っているのは、おそらくこの頃の印象がまだまだ強いからだと思われます。

100人いれば100通り

そして迎えた21世紀。社会は大きく変わってきました。

道路が整えられたり、上下水道が気持ちよく使えるというような人々の基本的なお願いごとはほぼ満たされた社会が実現。今までのように「道路をつくってほしい」「水道をひいてほしい」という万人共通のお願いごとに対応する政策は、こうして一定の役目を終えたのです。

ところがこうした共通課題をやっとクリアできたあと新たに出てきたのが、少子化・高齢化や地域の産業振興、子育ての問題、リサイクルや地球温暖化対策のような、対応が難しい社会課題です。社会だけではありません。個人の考え方やライフスタイルも「右へならえ」ではなく、さまざまな生き方や感じ方をする人たちが増えてきました。当然地方自治体へのお願いごとも、100人の一般市民が集まれば100通り出てくるわけです。

たとえば子どもをめぐる市民ニーズを見てみましょう。

AさんとBさんとCさんは地域でお隣同士のママ友達。3人とも小学生以下のお子さんの子育て中です。

Aさんは大手企業の管理職を務めるキャリアウーマンでしたが、産休・育休をとって一旦仕事を離れました。こどもが3歳になったので、一日も早く会社に復帰したいと考えています。こんな彼女が求めるものは「子育てと仕事の両立のために子どもを安心して預けられる施設を家の近くにつくってほしい」というもの。このAさんの要望を解決するため、自治体の子育て支援を担当する部署では施設を作ったり子どもを預けるときのルールを考えたりというような待機児童の解消に取り組むことになります。

一方Ｂさんは元帰国子女。彼女の要望は「国際化・グローバル社会の到来を見据えて小学校教育の内容をもっと国際的にしてほしい」。これは自治体では学校教育を担当する部署の仕事になって、教育プログラムの内容を大幅に見なおす必要に迫られます。

さて心配症のＣさんはどうでしょう。「子どもが安全に通学できるようにＩＣＴ技術を使って子どもを見守るシステムを導入してほしい」と考えています。これに対応するには、自治体の情報政策を担当する部署と学校の施設設備を担当する部署が連携しなければなりません。ＩＣＴシステムの最先端技術を用いることはもちろん、既に導入されているＩＣＴシステムの基盤整備のところから考え直す必要も出てくるでしょう。

ＡさんとＢさんとＣさん、もし社会基盤が整っていない時代にお隣同士だったら、きっと３人のお願いは一緒。「家の近くに学校をつくってほしいわよねー」「ほんとそうよねー」というようなものだったに違いありません。

地方自治体単独のノウハウだけで対応できなくなった

こうした市民ニーズの多様化はなにも子育てに限ったことではなく、さまざまな分野で同じようなことが起こっています。成熟して多様化した社会が実現した結果、国や地方自治体はかつてない幅と深さの地域課題に直面し始めたのです。

さて、自治体はこれらの新たな課題にどう向き合っていったらよいのでしょうか。当然今までのように建物や道路など物理的なモノを作れば解決するというわけにはいきません。課題の解決のためには、新たな分野の知識や技術、ノウハウをもって対処することが必要になってきました。

ではそれらの地域課題は地方自治体単独のノウハウだけで対応できるのでしょうか。

答えは「ノー」。今まで培った「建物を建てる」「道路を作る」「上下水道を整備する」というような公共事業や、安定した市民サービスを提供するためのノウハウだけでは、多様化・細分化・高度化した市民ニーズに応えきれなくなったのです。

この状況をのりこえるための答えはひとつ。専門的な技術や優れたノウハウをもつ民間企業や市民団体に、地方自治体に成り代わって仕事を引き受けてもらうこと。ここ数年の民間委託への動きには、こうした社会情勢の変化が大きく影響しているのです。

(2) 行財政改革を進める上で、何もかも公共で抱え込めなくなった

わたしたちの国日本は、人類史上いまだかつてない少子高齢化社会に突入しようとしています。地域課題の解決に不可欠な税収が減っていくなか、限られた財源で今まで以上に質が高くキメ細かい市民ニーズに対応していかなければならないのは、国や自治体にとって実に頭が痛いところです。

そこで取り組まれているのが行財政改革。組織運営に非効率なところはないか、公務員の人数はこれでいいのか、財政面の改革では役目が終わっている無駄な事業はないか、新たな事業や政策はほんとうに市民から必要とされているか、などなど。さまざまな行政運営の面で、それはそれは厳しく見直しがおこなわれています。

その一環で推進され始めたのが「公共サービス改革」。今まで国や地方自治体が担ってきた公共サービスを見直し、民間企業の技術やノウハウを使ってもらったほうがより効果的に課題を解決できるものについては民間企業にお願いしてしまおうという改革です。この改革をすすめるためにできたのが「公共サービス改革法」。「市場化テスト法」とも呼ばれています。内容は、さまざまな分野の国や自治体のお仕事について官と民間企業どちらが行ったほうがより効率的で効果的な成果が得られるのか、お仕事ごとに定められた評価基準にしたがって評価し、質と価格両面で優れた結果が得られる方にお仕事を出しますよ、というものです。

具体的には官と民間企業が同じ立場で競争入札に参加して、実施内容と見積価格の両面でどちらが担うのが相応しいかが決まります。

入札には2種類ある

ここで気になるのが「入札」というキーワード。たとえ仕事の内容はお粗末であっても価格さえ低ければ決まるんじゃないの？ という認識の方、とても多いのではないでしょうか。

実は表向きに「入札」と呼ばれるものには、純粋に価格だけで決めるものと企画提案書の内容を評価し仕事の内容の良さと価格の両方を考慮して決めるものの2種類があるのです。公共サービス改革法による入札の場合は後者がほとんど。自社の製品やサービスの品質に自信がある民間企業にはうれしいルールですね。

こうした制度が整ったこともあって、今まで官公庁が独占的に実施してきたいろいろな事業が民間企業にお仕事として発注されるようになってきたのです。民間企業にとっては新たなビジネスチャンス到来です。

では民間企業に門戸が開かれたのは一体どんなお仕事なのでしょうか。たとえば国のお仕事については内閣府のホームページにばっちり開示されています。

http://www5.cao.go.jp/koukyo/jigyou/jigyou.html
いくつか簡単にご紹介しましょう。

国税局の電話相談センターにおける相談業務

これは国税庁のお仕事です。国税局の電話相談センターに毎日かかってくる税金に関する問い合わせ電話。その問い合わせの電話に対応するオペレーターさんの派遣や教育、オペレーション事業全体の運営管理がお仕事の内容です。評価基準を見ると、オペレーターさんへの接遇やクレーム対応研修が義務づけられていたり、情報セキュリティ教育の実施が必須になっていたりと、オペレーターさんの応対に高い品質が求められていることがわかります。

刑事施設における被収容者に対する給食業務

一方これは法務省から。刑務所のキッチンの管理と給食をつくるお仕事です。

多くの刑務所で受刑者自らが自分の食事を作っていることは意外に知られていません。ところが昨今では給食をつくる受刑者の数そのものが少なくなったため、厨房施設の衛生管理に充分な目が行き届かなくなってしまいました。その結果、毎年どこかしらの刑事施設で食中毒が発生するように！　これはなんとかしなければということで、大阪拘置所・加古川刑務所・岩国刑務所・高知刑務所の４施設で厨房の管理を含めた給食調理の一連のお仕事が入札の対象になりました。内容は、厨房施設・機器の維持管理・衛生管理や、受刑者にアンケートを行った結果から献立を組み立てて調理をすることなどとなっています。

このお仕事は1年間で多くが終了する一般的な官公庁のお仕事とは違って、１回引き受けると10年間ずっと続けて調理を受託できることになっています。これは企業にとっては大きいですよね。そのほか支払いは四半期ごとにあること、このお仕事の全部を1社で担えない場合は複数の企業でグループを組んで入札に参加できることなどが決められていて、特にキャッシュ・フローのやりくりや事業の範囲が限られている中小企業にとってハードルが低いお仕事といえそうです。

海外映画祭出品等支援事業

これは文部科学省のお仕事。海外で開催される全ての映画祭への出品や参加について、映画製作者に対して必要な支援を行うというものです。海外渡航費の一部を助成したり出品手続きを代行するなどのほか、現地で開催される映画見本市への日本映画展示ブース出展と運営、そして新作日本映画を紹介するパンフレットの作成などが盛り込まれています。

対象となる映画祭は、短編・アニメーション・自主制作を問いません。高い芸術性を持ちながらも慢性的な資金難に悩まされている自主映画製作者をバックアップして日本の文化・芸術を世界に発信するお手伝いができる。こんなところはこのお仕事を引き受けるとても大きな魅力なのではないでしょうか。

エコライフ・フェア実施業務

これは環境省のお仕事。業務の名前からも明らかですよね。

毎年6月の初旬から中旬にかけて、東京の代々木公園で大規模な環境イベントが開催されているのをご存じの方も多いと思います。環境に配慮して作られた製品の販売ブースや飲食店ブース、環境NGOの活動紹介ブースなどがところ狭しと並び、様々な民族舞踊や音楽のパフォーマンスを楽しめたり、安全・安心な食材を使った世界のグルメで食欲を満たしたりと、休日のおでかけコースにはうってつけです。

このイベントの名前が「エコライフ・フェア」。ご存じの方はまだまだ少ないのですが6月は国が定めた環境月間で、エコライフ・フェアが決まって6月に開催されるのはそのためです。お仕事の内容は、このイベント全体の企画立案から出展者の検討、一連の準備作業、イベント当日の管理運営の一連をすべて任されるというもの。いわゆるイベントの「仕切り」業務ですね。

いかがでしたでしょうか。みなさんにとって興味深いお仕事はありましたか。

(3) 地域の産業振興を進める必要性が高まった

国や自治体の政策で毎年必ず掲げられるもののひとつに「産業の振興」があります。中でも特に重要とされているのが地域の中小企業の振興。2012年現在でわが国の企業の数は約386万社で、そのうちの中小企業・小規模事業者は約385万社。実に全体の99・7%を占めていることからも当然の政策といえるでしょう。

ところがビジネスのグローバル化に伴い、海外の金融市場やエネルギー価格、さらにはそれらに強く左右される国内景気の動向に真っ先に影響をうけるのも中小企業。ここ数年ではリーマン・ショックによる中小企業への深刻なダメージなどが記憶に新しいですね。

日本が世界に誇るものづくりの高い技術やサービスのノウハウの多くが地域の中小企業によって支えられていることは広く知られています。こうした中小企業が景気の動向などの影響で廃業に追い込まれるようなことは国にとっては取り返しのつかない大きな損失です。

一方、みなさんはこんな法律があるのをご存知でしょうか。

「官公需についての中小企業の受注の確保に関する法律」

制定されたのは昭和41年。随分前からあったんですね。この法律は「中小企業が国や自治体のお仕事を受注する機会をなるべく増やす」ことを目的としています。背景にある考え方は、「国や自治体の仕事にはいろいろな種類があって取引が確実に実行されるので、中小企業者の経営基盤の安定にとって、極めて有効な手段となりますよ」というもの。まさにその通りですよね。国や自治体のお仕事で報酬の未払いや代金の未回収が起こることは、宇宙人が地球侵略にやってくることと同じくらいの確率で絶対にありえませんから。

さて一昔前に制定されたこの法律ですが、産業の重要な担い手である中小企業をより強力にバックアップする必要性から改めて大きな意味を持つようになりました。特にリーマン・ショック発生後の２００９年以降、全国の地方自治体ではこの法律を根拠にして中小企業の受注に有利になるようなさまざまな決まりをつくりはじめたのです。その内容としては、キャッシュ・フローのやりくりが大変なことへの配慮として支払い回数を複数回に分割する、中小企業向けの仕事があることをもっと知ってもらうため発注情報を効果的に発信するための工夫に取り組む、発注のルールに東日本大震災で被害を受けた中小企業に有利な決め事を盛り込むなど実に多種多様。

神奈川県でやっていること

たとえば神奈川県庁では2013年に「中小企業者の官公需の受注機会の確保・増大のための施策の要点」を作成して次のような方法で全庁をあげて中小企業を応援しています。

① 発注情報の提供の徹底（発注見通しや入札結果に関する情報の提供、インターネットによる入札手続きの推進、中小企業の受注能力の向上のために質問や相談に積極的に応じる、など）

② 中小企業者が受注しやすい発注とする工夫（ワーク・ライフ・バランスに配慮して適切な工期・納期とすること、価格、数量、納期などを考慮し分割した発注に務めることなど）

③中小企業者の特性を踏まえた配慮（技術力の高い中小企業はその技術力を正当に評価すること、県内や地元の中小企業、特に新規開業した中小企業の受注機会を増やすことなど）

④ダンピング防止等の推進（適正価格での契約や価格と品質が総合的に優れた中小企業の受注機会を増やすこと、消費税や燃料、原材料の市況価格を考慮することなど）

⑤東日本大震災の被害を受けた中小企業者に対する配慮（震災の被害を受けた中小企業の受注機会を増やすこと）

全国的な傾向として特に目立つのはベンチャー企業への優遇措置。最近特に難しくなっている発注の形態として「あなたの会社だけにこの仕事を出しますよ」という随意契約《ずいいけいやく》と呼ばれるものがあるのですが、ベンチャー企業に対しては積極的にこの契約をすすめることを決めていたりします。これは自治体のお仕事未経験のベンチャー企業にとってはとても有利。チャレンジする価値おおいにアリです。

（4）ＩＣＴの普及で官公庁のお仕事が今まで以上に厳しい目にさらされるようになった

この原稿を書いている1週間ほど前、一本のメールを受信しました。

元大学の研究者を名乗る方からのメールで、自分が研究開発した燃料削減に役立つ商材を自衛隊に売り込んでほしいという依頼のメールでした。メールの最後には、「官庁ですので議員（防衛族、元議員など）さんから押してもらうのが早いのではないでしょうか」とありました。

それに対して出したお返事。

「このたびはお問い合わせをありがとうございました。燃料削減とのこと、自衛隊のニーズはあると思いますが、トップや議員さんから攻めるのはコンプライアンスの面からも昨今大変難しくなっていますので、お勧めできません。ポイントとしましては、…（中略）。実際の状況や御社の製品のことがよく分かりませんので、一度お話をお伺いできますでしょうか」

返信されてきたメールは次のようなものでした。

「防衛関連の議員が早いと思いますが　原油が高騰しておりますので経費節減という大義があると思います。コンプライアンスは献金などでどうにでもなります。議員の線でご検討いただけないでしょうか。電話1本で動くと思いますが、いかがでしょうか」

このお返事を読んで、ああなるほどそうなのか、と思いました。官公庁のお仕事の受注には議員や議員OBや自治体トップが絶大な権限を持っていて彼らを動かしさえすれば仕事がもらえるという認識の方が、社会には想像以上にたくさんいるんだ、と。

地方自治体で働く地方公務員のみなさんには、ちょっと不名誉なお話ですが、一時代前のこと。特に公共工事の分野では天下りOBや族議員と呼ばれる方々による力関係のあれこれで、大手企業に有利なフェアではないお仕事の発注がしばしばみられました。

時には新聞沙汰になり、「公共工事＝談合」というような限りなく黒に近いグレーなイメージが一般社会に浸透。これが未だに根強く残っていてあのようなメールが舞い込んでくるのですね。これはとても残念なことです。


ではここ数年の動きはどうでしょう。公共行政に良きにつけ悪しきにつけ一般市民の厳しい目が向けられるようになりました。

その背景にあるのがICT社会の到来。世の中で起こった出来事は瞬時にインターネットのWEBサイトやSNSを通じてあっという間に市民の知るところとなってしまいます。

国や自治体のお仕事にまつわる出来事も例外ではありません。不正入札などの不祥事は言うに及ばず、今までほとんど知られることのなかった都議会議場での議員のたった一言のヤジでさえ、ほんの数日で数万人どころか全世界に知れ渡ってしまうご時世となりました。

こうしたＩＣＴという社会インフラの劇的な普及により、国や自治体のお仕事発注プロセスに今までになかった高いレベルでの公平性・公正性・透明性が重視されるようになったのです。

大手企業に一方的に有利だった時代はもう終わり。たとえ実績が少ない中小企業でも優れた技術やノウハウがあれば、そして決められたプロセスにそってフェアに取り組めば、チャンスは平等に与えられています。

2 地方自治体が対等なパートナーを求めるようになったワケ

いくら官公庁のお仕事を受注しやすくなったといっても、さあ仕事となったときに役人とうまくやっていけるのだろうか？　漠然とした不安を抱く方もいらっしゃるでしょう。特に多くの方が官公庁に対して抱いているイメージは「お上」。チャンバラ時代劇的に表現すると「こちらにおわす方をどなたと心得る！　頭が高い！　ひかえおろう！」という態度で上から目線でとことんこき使われる。もし現場で本当にこんな光景が繰り広げられているとしたら、頑張ってお仕事を受注してもお得感ややりがいは半減してしまいます。

ここでぜひ知っていただきたいのが「新しい公共」という考え方。ちょっと聞きなれない言葉ですね。

これは、官公庁が今までのように公共サービスを上意下達で民間企業や市民に提供していくのではなくて、三者それぞれが得意分野を活かした役割を当事者として対等に担い、パートナーとして互いに協力し合いながら活気のある社会を創っていこうという考えです。

お互いが対等なパートナー

そもそもこの考え方、２００９年10月に鳩山元総理が第１７３回臨時国会の所信表明演説の中で示されたもの。これをうけて２０１０年1月、学者や民間企業、市民の代表などをメンバーとする新しい公共円卓会議が招集され、新しい公共の実現のためには官公庁や民間企業・市民がどうあるべきか議論が重ねられて、同年6月にこれからの社会のあり方に対する提言として「新しい公共宣言」が出されました。

宣言では、国民や民間企業も当事者として新しい公共を担っていく必要があるとされているほか「国や自治体がお仕事を民間企業や市民に出すときには、依存型の補助金や下請け型の業務委託ではなく、新しい発想による民間提案型の業務委託、市民参加型の公共事業をすすめていく」とされています。

お互いが対等なパートナーとして地域を、社会をともに創っていく時代へ。官公庁自らもそうですが、実現のために意識を変えなければいけないのは民間企業も市民も同じです。特にこれからの民間企業は、地域課題を解決する提案やアドバイスをパートナーとしての対等な立場で国や地方自治体からどんどん求められてくるでしょう。

みなさんのイメージの中にある「ひかえおろう！」のお上は、もはや時代劇の再放送でしか会えない絶滅危惧種。安心して対等な立場で向き合い、ぜひ良い仕事をしてください。

3 民間企業はパートナー！　その具体的なアクションとは

さて、官公庁からパートナーとしての役割が求められつつある民間企業。いま具体的にどんなパートナーシップが繰り広げられているのでしょうか。地方自治体と民間企業の幸せな

３つの関係をご紹介しましょう。

（1）ともに地域課題や困難に立ち向かおう！　協定の締結

地域課題の解決や緊急事態に見舞われた際に事態の打開に取り組むために、自治体と企業で協定を締結して、協力して解決していこうというものです。

たとえば横浜市は、地図で有名な出版社の株式会社ゼンリンと「災害時における協力関係を構築するための協定」を締結。大規模な地震や津波などが発生した場合、株式会社ゼンリンが地域のあらゆる地図情報を無償で迅速に提供して、横浜市民の生命と財産を守ることを目的としています。

また、東京都港区は、株式会社東芝と「低炭素社会に向けた包括連携協定」を結び、電気自動車の実証実験など低炭素社会実現に役立つ技術開発を共同で取り組んでいます。

（2）一緒にビジネスチャンスを切り開こう！　協議会の編成

これも横浜市の取り組みです。地方が東京をお手本としていろいろな面でマネをしていたのも、もう過去の話。力とやる気のある自治体はもはや東京は完全スルー。その向こうにある世界を直接見据えています。

横浜市域には水処理関係で高い技術を有する企業が数多くあります。横浜市ではこうした水ビジネスに関わる企業を集めて協議会をつくって、新たな水ビジネスの技術やスキームを開発して海外市場をターゲットとしたビジネスを推進しています。

(3) いいところは学び合おう！ 人事交流

官公庁と民間企業には、お互いの組織に対する認識に大きなギャップがあるようです。特に民間企業からすると官公庁独特のルールや組織文化は理解しにくいことが多く、ともすれば否定的に捉えがちです。

こうしたギャップを解消するのには、一緒に仕事をしてお互いを知り合うのが効果的。そしてどうせなら相手の職場に入り込んで仕事をするのが一番手っ取り早い！

そんなわけで、民間企業と地方自治体の間で人員を一定期間交換し、お互いの組織の仕事を体験して理解を深める取り組みが始まっています。

たとえば某大手広告代理店ではいくつかの地方自治体の広報関連部署と人事交流のルールをつくって、１年間自治体職員を職場に受け入れ、他の社員と同じ業務をしてもらっています。一方その広告代理店の社員も自治体の職場で１年間地方自治体の広報業務を担います。

こうした交流で、自治体側は学んだ民間企業の広報ノウハウを自治体の情報発信に活かすことができて、逆に広告代理店は自治体の組織体質や仕事の進め方が見えるようになる。お互い大きなメリットを享受できるというわけです。

2章

おどろきの間口の広さ！
地方自治体のお仕事徹底紹介

1 法人でも、個人事業者でも。幅広い業務分野と市場規模

民間企業にとってビジネスチャンスが広がっている官公庁のお仕事。でも一体どんなお仕事がどのくらいの数で出されているのか見当もつかない方もいらっしゃるはずです。

まずここでご紹介したいのは数字です。官公庁ビジネスのマーケットがどのくらいの大きさなのか、総務省からめやすになる数字が出されているのです。それによると、平成21年度で国や独立行政法人7・9兆円、人口10万人以上の地方自治体全部合わせて13・0兆円。国と地方自治体を合計すると、20・9兆円もの市場規模になる計算です。

特に注目したいのは、地方自治体の13・0兆円のお仕事のうち、中小企業向けのものが実に75・9％にものぼることです。官公庁のお仕事が大企業だけのものだったのは過去のこと。数字がはっきり物語っています。

さて気になる業務分野ですが、自治体職員さんが日々の仕事でつかうコピー機やプリンター、コピー用紙などオフィス用品の注文のような小さなものから、私たちのくらしにかかわる細かい行政サービスにかかわるもの、長い目で見てこれからのまちづくりをどうするかプランを立てるものまで仕事の大きさはさまざま。分野も身近な市民サービスを便利にする取り組

み、地域のにぎわいをとりもどす産業や観光のアイディアやしくみづくり、立場の弱いお年寄りの暮らしのお手伝い、子どもへの教育や子育てのフォロー、多くの人々がはたらきやすい職場づくりなどとてもご紹介しきれないほどに広がっています。

こうしたお仕事を自治体が民間に出すときには、多くの場合ホームページに「こんなお仕事があるのでやりたい方いませんか」というお知らせがアップされます。そこには応募するための条件として地元に本社や本店、事業所があること、そしてお仕事の種類によっては個人事業主やＮＰＯ法人でも応募できますよ、いくつかの会社が集まってチームを組んで応募してもいいですよなどとあったりします。大企業以外にももっとお仕事を引き受けてほしいという地元中小企業・零細企業や個人事業者ウェルカムな自治体の考え方がこのあたりにも見え隠れしていますね。

2 とことん解説！ 地方自治体のお仕事。内容は？ 金額は？ どんな会社が引き受けているの？

でも実際にはどんな内容のお仕事が出されているのでしょうか。それにはあれこれ説明するよりも実際に中身を知っていただくのが一番。そんなわけで2013年4月から2014年6月末日までの間に全国の自治体からホームページでお知らせが出されたものを中心に、それらのごく一部を分野別にプチ解説を交えながらざっくりご紹介します。

予算額、つまり報酬額はすべて税込み価格。そして自治体のお仕事に触れたことがない方のために、産業分野の先進技術の研究開発、公共の建物・道路の工事や整備、自治体組織のICT基幹システムの構築や導入などの専門的で規模の大きいお仕事はあえて除きました。中小企業や個人事業者の方にイメージしやすいようになるべく身近なビジネスや日々のくらしに関わるものに絞っています。

もうひとつ。どのお仕事にも共通している点があります。それは単純に価格だけで決まるものが一件もないということ。どの分野のお仕事も企画提案書を出したあとプレゼンテーションを行い、その結果最も優れた1社に決めるという方法が取られています。

(1) 地域の中小企業のミカタ、中小企業を応援する事業

地元の中小企業にもっと元気になってもらいたい。これは人口の大小を問わず、全国どこ

の地方自治体にも共通している願いです。ここでは、中小企業の経営を応援するためのお仕事を3件ご紹介しましょう。

地域中小企業経営改善サポート事業委託業務

これは北海道庁の経済部経営支援局中小企業課からの発注。原材料の高騰や電気料金の値上げ、さらに2014年4月から消費税率が引き上げられたことなどで中小企業の社長さんの間に経営への不安が広がっています。そこで、北海道内全域の中小企業に対し、経営改善のアドバイスをしたり事業再生のお手伝いをするというものです。

北海道全域。とてつもなく広いですよね。だからこのお仕事で選ばれる企業は7社。北海道を7つのエリアに分け、各社で手分けしてエリア内の中小企業を支援するルールとなっています。

お仕事の中身は定期的に中小企業からの経営相談に乗ったり経営改善策を考えて社長さんに提案するなどが中心。また、金融機関に融資をお願いするお手伝いなどの厳しい局面も任されることになります。まさに地域密着のお仕事ですね。

特に注目したいのは3つの参加資格。

まずひとつめは「平成15年4月以降に起業していること」。「以前」じゃありません。「以降」ですよ「以降」。つまり歴史のある実績豊富な大手経営コンサルタント会社は対象とされておらず、創業して10年にも満たない会社にこそこの仕事を取るチャンスがあるということです。

そしてふたつめは、単独で応募してもいいけれどいくつかの会社でチームを組んで応募してもいいですよ、というもの。こうして組まれたチームは「コンソーシアム」とか「共同企業体」などと呼ばれています。平成15年4月以降の設立ですから、よほどの急成長でもしない限り対象となるのは中小企業。7つのエリアに分かれているとはいえ、1社だけでは対応できる社員が足りなくなったりすることも。だからコンソーシアムでの応募も大丈夫ですよということになっているのです。

最後は「起業から現在まで本社が道内に存在する民間企業、その他の法人や団体、個人事業主」。おっと出ました！ 人呼んで「地元縛り」。これでは東京などの大都市に本社を構え全国に支店支社がある大手企業は全く手出しができません。こうした参加資格なら地元でコツコツ数年間頑張ってきた小さなコンサルタント会社や個人事業者さんにならにでもチャンスはありますよね。

政策の内容だけにとどまらず、頑張る地域の中小企業を仕事の発注を通じて支えていきたい。そんな北海道庁の枠なはからいが見えてきます。

中小企業採用力パワーアップ支援事業委託業務

一方こちらは岐阜県商工労働部労働雇用課からのお仕事。中小企業の社長さんたちの切実な悩みのひとつが社員の採用です。新卒採用の時期には彼らの悩みはますます深くなります。優秀な人に来てほしい。それなのに就活中の学生さんたちがこぞって目指すのは知名度の高い大企業ばかり。かといって今の若い人たちにどうやって自社の良さをアピールしたらいいかさっぱりわからない。はあ、という社長さんたちのため息が聞こえてきそうです。

さあ、そこで自治体の出番です。こうした中小企業の採用力を高めるため、県内の中小企業20社以上に対してFacebookやTwitter、LINEなどのSNSを使った効果的な求人・企業PRなどについてのセミナーを開き、参加した中小企業へ個別に徹底指導。これらの一連の取り組みをお仕事として発注するというものです。

受注企業を選ぶときの特徴は、採用力を高めるという事業のねらいにかなったものであれば独自のアイデアを企画提案書の中やプレゼンテーションでどんどん提案できること。エントリーした民間企業が知恵をふり絞り、やる気のある若者の心にまっすぐ刺さるような独創的なアイディアが選ばれることを期待したいですね。

ここでこのお仕事の評価基準と評価項目をご紹介します。

100点満点で評価し、事業のねらいを達成できる効果的な提案かを見る「有効性」が60点、事業を安定して進められる経営基盤や体制を見る「実現性」が30点、そして価格点が10点という配点です。

価格点の配点の内訳をもう少し細かくみていくと、予算額ぴったりで見積もった場合は1点、予算額の85％未満の場合は10点とされています。

このお仕事の予算額の上限は309万6千円。価格点で10点をとりたいときはこの予算額の85％の263万1600円を1円でも下回る見積を出せばいいわけです。この配点ルールだと263万1599円でも予算額の半分の154万8000円にした場合でも配点は10点で一緒。だったら赤字覚悟の大幅な値下げなんて必要ありませんよね。

このように価格が影響する度合いは評価点全体のわずか10％。さらに予算額を大幅に切るような値下げをしにくい工夫も盛り込まれています。これは自治体がお仕事を出す民間企業を選ぶとき、価格ではなく対費用効果の高い優れた提案を重視するようになってきたことの現れといえるでしょう。

(2) にぎわう街を次世代に！　まちづくり・地域おこし

少子化・高齢化で過疎に悩む地方都市。もともと営まれてきた農林水産業は働き手がいなくなり、商業も商品を買ってくれるお客様が減ってきます。地域全体が活気を失いさびしくなっていく。その歯止めがなかなかききません。自治体にとっては死活問題です。手をこまねいていると税収が減って財源の確保が難しくなり、成熟社会で当たり前の都市インフラの維持さえ危うくなってきてしまいます。

ここではこうした地域の問題に正面切って挑み、にぎわいのあるまちを取り戻すためのお仕事をご紹介します。

広報推進事業委託

こちらは高知県商工労働部新産業推進課から。これ、どんなお仕事か名前を見ただけではさっぱりわかりませんよね。

高知県では「中山間地域《ちゅうさんかんちいき》等シェアオフィス推進事業」という名前の取り組みを進めています。これは、人口減少や高齢化などでさびれる一方の中山間地域にシェアオフィスをつくり、入居を増やしたり入居した企業や起業家の仕事をバックアップすることで中山間地域の経済活動を盛り上げようというものです。

「中山間地域」とは、平な土地の縁っぺりと山との境目あたりの緩やかな傾斜が広がるエリアのこと。よく風景写真家の写真集で朝日に輝く美しい棚田を目にしたりしますよね。あのあたりが中山間地域と言われるところです。狭い国土のわりに山が多い日本では、中山間地域が国土面積に占める割合は73%。また日本全体の耕地面積の40%、総農家数の44%、農業集落数の52%は中山間地域にあります。このエリアを賑やかにすることは日本の農業にとっても重要な問題なのですね。

さて高知県が進めているこの事業で、2014年現在県内4個所に廃校になった小学校や保育園をリノベーションしたシェアオフィス「高知家《こうちけ》のシェアオフィス」がつくられています。

予算額432万円のこのお仕事は、高知家のシェアオフィスを都会の民間企業や起業家に知ってもらうため首都圏でイベントを開き、現地への視察ツアーを企画して実施するというもの。もちろんその結果入居希望者が出てくることをねらっているわけです。

ところで高知家のシェアオフィス、PR用の専用サイトがありました。

高知家《こうちけ》のシェアオフィス
http://www.kochike-shareoffice.com/index.html

どれどれと覗いてみたら、いやこれがまた実にわかりやすくてクール。キャッチフレーズは「高知家《こうちけ》はひとつの大家族やき。みんなぁも、家族にならんかよ。全室ネット光回線完備で待ちゆうき」。地元のことばがほどよく散りばめられていてなんともいえない田舎の温かさが伝わってきます。それでいて抜群のＷＥＢデザインセンス。都会の孤独な会社経営者や起業家の癒やされたいというホンネをいやがうえにもくすぐります。かく言う私も行ってみてもいいかもなー、と一瞬ぐらっときてしまいました。

日本全国でこうした地域活性化の取り組みや地元特産品の専用サイトがつくられていますが、最近特に見られる傾向はターゲットを明確にしていること。今までの自治体の情報発信政策は「誰にでも、広く、まんべんなく」。大勢から集めた税金を公平に使うという性質からやむを得ない面があるのですが、これではその情報をほんとうに必要としている人たちの立場に立った伝え方はできません。結果としてうまく情報が伝わらず思うような成果があがらないことがほとんどでした。

それではせっかくの税金もかえって無駄になって本末転倒ですよね。そんなわけでここ数年はターゲットとする相手をはっきりさせて、その人達にどうしたら効果的に伝わるかという点からデザインや表現方法、伝え方を決めていくようになってきました。

このお仕事を取るための企画提案のキモはまさにそこにあります。高知家のシェアオフィスの首都圏でのターゲット層を具体的に絞り込み、いかにターゲットの心を揺さぶるイベントやツアーを企画できるか。マーケティングやプロモーションの知識とスキルがポイントになりそうです。

(3) 子育てに頑張るパパ・ママ・家庭を応援！ 子育て応援事業

子どもを育てる家庭を支えることは、高齢化や労働人口の減少に歯止めをかける上で国も力を入れている分野。もちろん地方自治体も例外ではありません。ここでご紹介するのは子育て家庭をさまざまな面からサポートするお仕事。お金をもらって人助けができるのも大きな魅力です。

福岡県子育て女性のための職業訓練業務

まずは福岡県から。妊娠や出産のために仕事をやめて子育て中のママさんたち。子育てが一段落したらまた働きたいと思っている方はたくさんいます。ところがひとたび仕事を離れてしまうと再就職するのはほんとうに大変。それどころか子どもが小さいと家を空けて外に出かける就職活動も思うようにできません。厳しい現実が彼女たちの前に高い壁となって立ちふさがっています。

そんなママさんたちにも再就職をめざして頑張ってもらいたいというわけで、託児サービスと育児相談付きの職業訓練を実施するというのがこのお仕事。

対象は子育て真っ盛りの約80人のママさんたち。2、3時間のトレーニングを週2、3日、2ヶ月を期間として就活に役立つスキルを身につけるためのプログラムを作り、トレーニング終了後の就活の面倒までしっかりみましょうというもの。予算額は960万円です。

このお仕事のすごいところは、トレーニングを受けた結果ちゃんと就職できたママさんの人数について目標数値が定められていること。その人数とは48人以上。トレーニングが終わって6ヶ月たった後もしも就職できた人数がこの48人に届かない場合、引き受けた企業は委託費の一部か全額を福岡県に耳をそろえて返さなければならないのです！

働く意欲を持っているママさんたちを絶対にフォローするんだという福岡県の決意が強く示されているこのお仕事、引き受ける企業も心してかからなければなりません。

新潟市男性の育児休業取得促進事業業務委託

「イクメン」。もう誰もが知っているキーワードですよね。子育てにはパパも参加して当たり前、そんな社会を作るためのお仕事がこれ。新潟市市民生活部男女共同参画課からの発注で予算額は２００万円。企業に男性社員にも育児休業を積極的に認める認識を持ってもらうのをねらいとしています。

内容は大きく分けて２つ。男性の育児休業取得促進イベントの開催とワーク・ライフ・バランス推進のための企業コンサルティングです。

イベントのターゲット層は20代から30代の男性。ターゲット層の興味を引く企画であること、彼等に届く方法でＰＲすることなどが発注先選びのポイントとされています。

一方企業コンサルティングでは、ワーク・ライフ・バランスの必要性や人事・労務・子育て支援・介護について効果的なコンサルティングを行う提案となっているか、またワーク・ライフ・バランスに取り組むしくみづくりや社長さんと社員の意識を高める工夫があるかがポイントです。

ここは社会保険労務士さんの得意とする分野。コンサルティング会社だけではなく、たくさんの会社を顧問に持っていて労務や人事の地域の事情に詳しい社会保険労務士さんが活躍できそうですね。

沖縄県子育て総合支援モデル事業（大学等進学促進事業）業務委託

自治体が支援するのは、なにも小さい子どもの子育てに限ったことではありません。生活が厳しい家庭の子どもが大学に進学することを支える取り組みも行っています。

それがこのお仕事。沖縄県子ども生活福祉部青少年・子ども家庭課からの発注です。家庭の経済事情が厳しいために子どもが予備校に通えない。そんな家庭に対する大学受験勉強の支援と保護者に対する進学情報を提供するというものです。

内容は対象となる20人の子どもに1回2時間以上週4回大学受験の勉強を教え、希望大学などの進路相談にも乗ること。また保護者には子どもの大学進学を叶えるための奨学金や貸付金の情報を提供することなど。

そしてここにも目標値が！ 支援した子どもの大学進学率50％が求められています。

予算額は１４６５万円。指導の腕前に覚えがある地域の学習塾や進学塾にはぜひ積極的に挑戦していただき、未来のある子どもたちの大学進学への夢をかなえてあげてください。

(4) 地域のうまいもの・すぐれものを多くの人へ！ 特産品をもっと売ろう

海あり山あり川ありの日本。多様な気候風土や歴史的背景から、全国各地においしい特産品や伝統工芸品が数えきれないほどあふれています。お休みをとって友達と国内旅行のプランをたてるとき、旅行先で何食べようか、お土産どうしようか。あれこれ調べて一緒に盛り上がるのは楽しいものですよね。

一方せっかくモノはいいのに買い手に良さを伝えるのが苦手なのは全国の生産者さんや職人さんに共通のようです。自治体としてはこうした特産品をもっといろんな人に知ってもらってもっと売れるようにしていきたい。そんな課題を解決するためのお仕事です。

みえジビエＰＲ業務委託

いきなり敷居が高くてごめんなさい。「ジビエ」とはフランス料理の用語で狩りで仕留めた野鳥やけもののこと。シーズンは晩秋から冬にかけて狩猟が解禁になる時期で、フランス国内の高級レストランではシカ、キジ、野ウサギ、マガモなどのジビエ料理がメニューを飾ることに。三ッ星シェフの見事な腕前で彩りも鮮やかな一皿に仕上げられたジビエは毎晩舌の肥えたセレブを唸らせています。

で、なぜ日本、それも三重県でジビエ？　実はイノシシやシカなどの獣害対策と深く関わっています。山地が多い地域では、イノシシやシカが畑を荒らすことも多く、孫をかわいがるように作物を育ててきた農家のおじいちゃんやおばあちゃんをがっかりさせています。三重県も例外ではありません。そうした自治体は地元の猟友会と協力して一定数ハンティングしていますが、困ったのが仕留めたあと。処理にはコストもかかります。それ以前にこうしたけものはありがたい山の恵みでもありますよね。だったら安定的に供給できるジビエとしてブランド化し、地元の新しい特産品としてグルメ志向の方々に美味しく食べていただこうというもの。このジビエのブランド化は長野県も「信州ジビエ」と銘打って積極的に取り組んでいます。

さて予算額93万９６００円このお仕事、三重県が進めている「みえジビエ」のブランドイメージを高め販路を広げるためのもの。小売店やグルメイベントに「みえジビエコンシェルジュ」という専門家を派遣し、お客様にみえジビエを説明したりイノシシやシカのジビエを直接試食してもらって販売し意見を聞いたりすることが中心になります。

美味しさを知っていただくには食べてもらうのが一番。食を専門とする民間企業の腕の見せどころです。

デザイナーとの連携による売れる商品づくり支援事業

これも三重県から。伝統産業の商品開発に関するお仕事で予算額は471万円です。特徴は、デザイナーとクリエイターとのコラボレーション。高い技術の伝統工芸や地元の食材を使った製品、ものは素晴らしいのですが現代社会のライフスタイルやデザイン志向に必ずしも合ったものばかりではありません。旅行先の土産物屋さんに立ち寄って地元の特産品を手にしても「うーん、デザイン的にいまいち」「なんか微妙」「普段は使えないなあ」そう感じて製品をそっと棚に戻して立ち去った経験、ありませんか？

そんなわけでこのお仕事、商品開発の段階からプロのデザイナーやクリエイターに参加してもらい、大都市圏や海外でも売れる新商品を作り手と一緒に開発し、試作品を作ってマスコミやバイヤーを招いてお披露目するところまでの指導を引き受けることになります。デザイン事務所でも応募できるこうしたお仕事を通して、デザインの持つ底知れない力を幸せな社会づくりに活かせれば素敵ですよね。

西東京市めぐみちゃんメニュー認定事業支援委託

「めぐみちゃん」とは西東京市の農産物のイメージキャラクター。緑のキャベツにつぶらな瞳。東京都西東京市の食をＰＲするご当地キャラです。

西東京市生活文化スポーツ部産業振興課がこのお仕事で何をしてほしいのか。それは、市内の農産物を使ったメニューに基準をつくり、基準を満たしたレシピを「めぐみちゃんメニュー」として認定し、ポータルサイトを立ち上げてメニューを出す飲食店をＰＲしようというもの。市民向けパンフレットづくりなども含まれます。予算は４９８万３０００円。

このお仕事が出されたのは２０１３年で、２０１４年６月時点でメニューができあがっていました。パンフレットを見てみると「矢ヶ崎さんちのキウイタルト」「№１ブラック混ぜそば×西東京産ベジコラボ」「ブートジョロキアハバネロワンタン麺」「キャベツかりんとう」「ニイクラハーブのラビオリ」と、イタリアン・フレンチ・和食からスイーツまで38メニュー。使った地元農産物と生産者さんの名前もメニューと一緒に実名で載っています。農家のみなさんには育てた農産物がどんな形で消費者のもとに届くのか一連のプロセスがよく見えます。また実名が出されることで作り手としての姿も知ってもらえるのでとても励みになりますよね。
このお仕事を勝ち取ったのは株式会社マインドシェアさん。従業員数約60名のコミュニケーションマーケティングを得意とする中小企業です。

(5) 東京? もはや眼中になし! 海外とのビジネスを進める事業

地域のビジネスを活性化させるのは自治体の大切な役割のひとつ。いままでは東京進出をゴールとする考え方が主流だったこの分野、いまや国際化・グローバル化の波に乗って東京よりも海外を見据える自治体が増えてきました。地域と海外とをビジネスで結ぶのをサポートするお仕事です。

奈良市大和茶・日本酒海外戦略事業企画運営業務

こちらは日本文化に関心が高いといわれるフランスがターゲット。奈良市総合政策部奈良ブランド推進課発のお仕事です。地元特産の大和茶と地域に蔵元がある日本酒をフランスに対して売り込もうというもので、予算額は500万円。仕事場はフランス現地になります。

お茶というと京都？ いえいえ奈良も負けていません。大和茶は大同元年（806年）に弘法大師が唐から茶の種子を持ちかえってその製法を伝えたとされる歴史と伝統の飲み物。一方奈良市の日本酒は、世界10カ国に輸出されている銘酒を擁する蔵元や、現代の名工に選ばれた杜氏さんがこだわりの日本酒を醸している蔵元などがあることが呑兵衛の間ではよく知られています。

お仕事の内容はこの大和茶と日本酒を扱う製造業者を5社選び、フランスへの売り込み方についてコンサルティングを行い、フランス現地で開催する商談会を成功させるというもの。商談会の確実な運営はもちろん、価値観の違うフランス人をよく知り彼らの心をいかに掴む提案ができるかが受注のポイントになるでしょう。

九州オルレ上天草コースモニターツアー業務

観光ツアーをもっとよくしたい。熊本県上天草市からの150万円のお仕事です。

自治体の海外観光客誘致策でしばしば問題になるのは、彼らが観光に求めることと日本側が提供したい観光サービスとのミスマッチ。たとえば築地市場やマグロの解体ショーがあれだけ海外の観光客にウケるとは誰が想像したでしょう。文化や価値観の違いを前提に外国人観光客が求めるものがなにか掴むのは、外国から大勢のお客様に来てほしい自治体にとっては欠かせません。

そしてこのお仕事、韓国からの観光客を対象とした1泊2日、25名以上の上天草市域のツアーを企画し、ワークショップや参加者にアンケートをお願いして韓国人の方々が何を求めているかを調べ、上天草市に報告するというものです。

上天草市はこのお仕事の結果からPRツールを作りツアーコースのブラッシュアップを行う予定。企画提案のポイントは、ツアーの今後の磨き上げに貢献する情報をいかに韓国人の方々から引き出せるかにあるといえそうです。

(6) 地域のファンやリピーターを増やしたい！ 観光・シティプロモーション

2020年、東京にオリンピックがやってきます。全世界から、また全国各地からアスリートの熱い戦いを応援しに大勢の人が日本に、東京に押し寄せます。海外から初めて日本の地を踏む方も多いでしょう。そんな外国人の方々、せっかくならオリンピックだけじゃなく日本のいろんな場所で観光を目一杯楽しみたいはず。これは自治体にとっては世界にわが地域のファンをつくる大きなチャンス。いまから準備が始まっています。

ふじさわシティプロモーション推進事業

このお仕事は神奈川県藤沢市企画政策部企画政策課シティプロモーション担当からのものです。ここ数年地方自治体ではシティプロモーションを専門に行う部署の設置が相次いでいます。藤沢市もそのひとつ。「ふじさわシティプロモーション推進方針」に基づき、藤沢市が持つ魅力や価値を様々なメディアを活用して効果的・効率的にプロモーション展開するというお仕事です。具体的にはプロモーションのコンセプトの決定、アクションプランやインターネットを活用したプロモーションの提案となっていて、予算額は９５０万円です。マーケティングやプロモーションを事業領域とする中小企業やコンサル会社でも充分引き受けられるこの分野、これから全国的に予算がつく見通しなのでねらい目です。

福岡市商店街マーケティング事業

福岡市経済観光文化局産業振興部振興課からのこのお仕事、商店街の集客力や販売力を高めるために消費者や地域住民ニーズや調査を行い、その結果を商店街に提供するとともに、商店街のＰＲを実施するというもの。予算額は３２９万７２４０円、マーケティングリサーチを得意とする会社向けですね。

「教育旅行のメッカ」埼玉づくり事業

埼玉県産業労働部観光課 観光・物産振興担当からのお仕事で、予算は４１２万円。県が何をしたいか。それは「埼玉といえば遠足・修学旅行」との観光イメージづくり。学習や研修の素材に富む県の特性を活かし、工場見学や農業体験等をメニューとした教育旅行を誘致したい。そこで教育旅行の市場調査分析を行った上で、様々な教育旅行体験プログラムのデータベースを構築し、農家宿泊体験のモデルコースを考えてモニターツアーを実施し、効果を検証するという一連の取り組みを民間企業に依頼するものです。

観光は一過性のブームに左右される面がありますが、遠足や修学旅行には流行り廃れがありませんよね。埼玉県、なかなかいいところに目をつけました。

（7）頑張れ若者、失業者！ 就労支援あれこれ

さまざまな事情で職を失った方や就職先が見つからない若者。希望をなかなか見出せず不安な毎日を送っています。そんな人々を支え、職につくためのお手伝いをするお仕事です。

生活・就労支援強化事業

岐阜県商工労働部労働雇用課雇用対策担当からのお仕事で5532万2386円です。

求職者の生活相談から職業相談・職業紹介までのさまざまな課題解決をワンストップで実施する「ジョブステーション（仮称）」を設置・運営し、求職者の生活安定の確保と再就職を支援するというもの。職業訓練や弁護士による法律相談、就労支援セミナーなども開催し、求職者個々のさまざまな悩みに対応するお仕事です。

(8) 明日は我が身。お年寄りに優しく…。シルバー世代への取り組み

今は若くて健康で気力にあふれていても、いずれお年寄りになる確率は間違いなく100%。すべての人が等しくそうなります。明日は我が身、お年寄りに優しい社会づくりのためのお仕事は毎年全国の自治体からたくさん出されています。

東吉野村コミュニティバス等運行業務

奈良県東吉野村役場総務企画課からのお仕事です。

東吉野村では今まで民間の交通会社による路線バスが４路線運行されていましたが、利用者の減少などで採算が合わなくなり一部の区間を除き休止することが決まりました。

これでは運転免許証を持たないお年寄りなど多くの村民が買い物や病院に通うことができず、とても困ってしまいます。

そこで東吉野村では、村が運行経費の一部を負担して新たな公共交通サービスとして乗合型コミュニティバスを運航することになりました。このお仕事はそのコミュニティバスの運行を委託できる民間企業を選ぶというものです。

番組制作放送（生きがい活動の啓発）委託業務

高知県地域福祉部高齢者福祉課からの４６８万８０００円のこのお仕事、一言で言うとテレビ番組の制作です。

ただし、取り上げるテーマは「高齢者限定」。県内で生きがいを持っていきいきと自分らしく暮らす高齢者をロールモデルとしてテレビ番組で紹介し、県内のたくさんの高齢者を元気づけようというものです。

(9) 誰もが違いを越えて認め合える社会へ。男女平等・ノーマライゼーション推進の取り組み

いま私たちが生きているのは、多様な価値観が共存する社会。違いがあるからこそ、それを認め合うことで豊かな社会が実現します。ところが違いを周りから受け入れてもらえず人知れず苦しむ人たちも少なくありません。そうした人たちをサポートし、誰もが認められ生き生き暮らせる社会をつくるためのお仕事です。

女性起業支援業務

神奈川県商工労働局労働部労政福祉課から。

能力がありながらもやむを得ず離職した女性の能力を活かす場作りのため、女性起業支援ガイドブックの作成や女性起業家入門講座、交流会などを開催し、女性の起業を後押しするというもの。予算は１８１万円です。

女性就労支援事業

北海道の苫小牧市産業経済部企業立地推進室企業立地課からのこのお仕事は、女性の就労支援をねらいとしていますが、ちょっと切り口が変わっています。

市内の自動車関連産業をはじめとする製造業では新たな戦力として「女性」に高い期待が寄せられています。

ところが多くの女性労働者にとっては製造業、それも現場で働くことは未知の世界。彼女たちが持つ製造現場のイメージも必ずしも良いものとは限りません。そこで女性に対するものづくりのイメージアップを図り、雇用のミスマッチの解消を目指し、製造業に対する女性の就労を後押しするさまざまな取組を行うというお仕事がこれ。１９８７万８０００円予算がついています。

障害者収入向上支援事業

福岡県福祉労働部障害者福祉課自立支援係から、１４５５万１０００円のお仕事です。

全国の障害者施設ではさまざまな製品がつくられていますが、販路開拓や売上向上が課題。このお仕事は障害者施設に販売技能や企業などのニーズを指導・助言することで製品の売上げの拡大を図り、障害者の収入向上に結びつけることを目的としています。

具体的には障害者施設がつくる「まごころ製品」の品質、価格、製造・供給能力などの特性を十分把握した上で、県が開催する「まごころ製品」の商談会を開催し、参加した障害者施設に対して販売戦略の指導を行います。

また、失業者からこの業務に携わる労働者を新たに18人雇用し、ＯＪＴとＯＦＦＪＴで就業の能力開発を合わせて行うという条件も。就労支援という面も持つお仕事ですね。

(10) 守れ人権、たったひとつの命！　ＤＶ・自殺・児童虐待への対策

生きる権利は誰にでも平等に与えられています。残念なことにＤＶ（ドメスティック・バイオレンス）や児童虐待などでこうした人権が踏みにじられる事件が後をたちません。地域で暮らす人達の人権と生命を守るのは自治体の責務。とても重要なお仕事です。

ＤＶ被害支援者養成講座開催事業

岐阜県環境生活部男女参画青少年課からの講座開催のお仕事です。

テーマはＤＶ（ドメスティック・バイオレンス）問題。ＤＶについて県民の理解を深め、被害者の支援に必要な知識を身につけることを狙いとしています。

内容は、「ＤＶの基礎知識」「法的支援」「支援の実態」「ケーススタディ」の４つ。６時間の講座で予算は35万円となっています。

志摩市児童相談システム導入業務

三重県志摩市健康福祉部ふくし総合支援室から、４２９万５０００円のお仕事です。

児童虐待の被害がなくならない原因のひとつに、関係者間で情報共有がうまくいっていないというものがあります。事前に警察や児童相談所に情報が入っていたにもかかわらずその情報が現場に伝わっていなかったがために虐待死を防げなかったというニュースを耳したことがある方も多いのではないでしょうか。

志摩市ではそうした事態を未然に防ぎ、児童虐待防止体制を強化するため、虐待が疑われる相談への対応に関する情報を、一元的に管理することが可能なコンピュータソフトウェアシステムと、当該システムを稼働させるために必要なコンピュータと周辺機器を導入することになりました。これらのシステムの構築と周辺機器の購入、システム運用を民間企業に委託するというものです。

(11) 楽しい毎日は健康であればこそ。健康づくり、スポーツ振興

市民が求めるサービスにはどんなことにも応えなければ。そんな姿勢の自治体は市民がのびのびスポーツできる環境づくりや健康になってもらうための取り組みまで面倒見てくれます。

スポーツまちづくり推進調査業務

千葉県成田市企画政策部企画政策課から出されている予算額１５００万円のこのお仕事は、２０２０年東京オリンピック・パラリンピックが関わっています。

成田市は日本の表玄関である成田空港を擁していることもあり、市を上げてオリンピックに出場するアスリートの合宿の誘致に取り組もうとしています。

このお仕事は、市のスポーツ施設などの現状の把握や課題整理を行い、市の推進するスポーツツーリズムのあり方についてのコンセプトの作成や合宿誘致のプロモーション活動を行うというものです。

女性の健康オープンセミナーの開催および啓発物品の作成・配布による普及啓発等業務

富山県厚生部健康課母子・歯科保健係からの480万円のこのお仕事は、くどくど説明するよりも応募資料原文をご紹介したほうが早いでしょう。

「将来的に妊娠・出産を迎える若い男女が、自らのライフプランを考えて健康をセルフマネジメントできるよう一般の若い男女に女性の健康、妊娠・出産の正しい知識やライフプラン等の基礎的な知識を楽しく・分かりやすく興味をもってもらえるセミナーや必要な情報や健康管理表等を記載した普及啓発グッズの作成業務を委託する」

応募資料を読み進めると、えええ？　いまどきの健康管理行政ってこんなことまでやってくれるんだ！　とプチショックを受けた私。至れり尽くせりのこの内容をご覧ください。

「一般の若い男女（高校生～20歳代）を対象とするため、若い男女の集客が多く見込めるようにとやまスイーツを食べながらのカフェ形式セミナー、ネイルコーナーの設置、アロマッサージの実施、美容・エステコーナーの設置等を行う」

県が個人的なライフプランまで面倒を見てくれる富山県在住で平成生まれの皆さん、昭和生まれの私はとっても羨ましいです！

(12) 公立小・中・高校をもっと楽しく、学びやすく

国際化・グローバル化が本格化する激動の時代。いずれ世界と向き合う時のために子どもたちをしっかり教育したい。もちろん勉強だけじゃなく楽しく学べる工夫も必要ですよね。そんな教育関連のお仕事です。

港区英語交流事業「英語大すき♪わくわく交流・ドキドキ体験事業」

大阪市港区協働まちづくり支援課からのこのお仕事は、小中学生に対する「英語村」での5泊6日の課外授業の企画運営。667万9000円予算がついています。

「英語村」とは、英語圏での生活を疑似体験できる場で英語を自然に使えるよう工夫した教育環境。要は英語しか喋っちゃいけませんよ、というルールがある場を作って、そこで国際的な視野をもったコミュニケーション能力を身につけることを狙いとしています。

お仕事の内容は、通所型の英語村を実施し、入国手続きのほか買い物や料理、外食など海外での日常生活に必要な「生きた英語」を使う場面を疑似体験させること、演劇やゲームなど英語による表現を行うプログラムを実施すること。特に中学生には英語による観光ガイド

ボランティアなど交流・体験活動や英語を使って活躍している職業人たちから話を聞く機会を提供することなどが盛り込まれています。

新宿区立学校ＩＣＴ支援業務

東京都新宿区教育委員会事務局教育支援課教育活動支援係からのお仕事です。

新宿区の小中学校では「誰もがいつでも簡単に使用できるＩＣＴ環境」をコンセプトに、ワイヤレスＬＡＮ環境、パソコン、プロジェクタ、実物投影機などのＩＣＴ機器などを特別な知識がなくても簡単に活用できるように整備しています。このお仕事は、こうしたＩＣＴ機器のヘルプデスクの設置とＩＣＴ支援員による各学校への巡回指導を行うというものです。

天王寺区　社会の仕組みを学ぶ体験学習事業

大阪市天王寺区役所市民協働課から、予算額は１８５万５０００円。天王寺区に居住する小学生を対象に、社会の仕組みや仕事について自ら体験し考える機会を提供する体験学習事業を企画開催するというものです。

(13) 行財政改革も職員の意識改革も待ったなし！　自治体組織そのものをよりよく

地域をよりよくする行政サービスや政策を常に生み出さなければならない自治体組織。地域の市民の税金で運営されている以上、行財政改革に手を抜くわけにはいきません。もちろん職員の人材育成も同じ。激動する社会情勢に対応するため、職員の意識にも変革が強く求められているのです。こうした組織改革や人材育成、民間企業のノウハウがばりばり発揮できる分野ですよね。

世田谷区障害者就労継続支援事業所への経営コンサルタント派遣等事業

東京都世田谷区保健福祉部障害者地域生活課から、予算額は３５０万円。

障害者就労継続支援施設は、一般企業に就職することが難しい障害者の働く場として地域で重要な役割を担っています。

ところがこうした障害者の工賃は低い水準にとどまっており、障害者のモチベーションの向上や自立した生活を営む上で大きな課題となっています。

そこで世田谷区では民間から経営コンサルタントを派遣することを決めました。コンサルタントの指導により施設の経営力の強化と障害者の工賃アップを図り、働く障害者のモチベーション向上を目指すということがこのお仕事のねらい。そして派遣するコンサルタントは中小企業診断士有資格者が条件となっています。

真岡市業務量調査支援業務

栃木県真岡市総務部総務課人事給与係からの598万7000円のこのお仕事は、職員の定員適正化計画を策定するための業務量調査を実施するというものです。つまり職員数が業務量に対して多くないかチェックするということがねらい。真岡市職員にとっては何とも厳しい内容です。

また、市はこの業務量調査を何年か続け業務量の実績データを取っていくことで組織課題を抽出する基礎資料として活用しようとしています。真岡市の行政改革への強い決意が感じられますね。

杉並区職員研修に関する企画・管理運営等業務

東京都杉並区政策経営部人材育成課人材育成係から、予算額は2100万円。

全国どの自治体も、職員研修にはとても力を入れています。職員への人材育成計画を作り、年間の研修体系を構築し、部局長レベルから課長級、課長補佐級、係長級、新規採用職員などの階層別にみっちりこってり研修します。テーマも行政経営の基礎知識についてから民間企業でもお馴染みのロジカルシンキング、コミュニケーション、プレゼンテーションまで実にバラエティに富んでいます。

ところがこの一連の職員研修、なにせ全職員を対象としているため出欠管理、講師手配、当日の運営管理、効果測定などの業務は膨大。この業務に数多くの職員を投じると、講師委託料にプラスして職員の人件費がかかって大変な事業規模になってしまいます。

そこでここ数年、多くの自治体では一連の研修業務を一括して民間企業に委託する流れが出てきています。東京都杉並区もそうした自治体のひとつ。豊富な経験を持つ民間の研修会社に職員研修をまるごとお願いしてしまおうというものです。

(14) 税で運営されている。だから厳しく。業務監査・会計監査

自治体組織が民間企業と決定的に違うのは、税金で全てが運営されていること。だからこ

そ行政運営には外部の目を入れ、情報を開示するのがとても重要。そんなわけで会計監査や業務監査は外部の第三者にお仕事として依頼することになっています。

財務会計システム更新に伴う公会計業務支援委託

奈良市総合政策部行政経営課からの会計関係のお仕事です。予算額は2400万円（平成25年度〜28年度）、財務書類や連結財務書類の作成に必要な会計ルールなどを市と協議しながら作るというもの。そのほか、財務書類の住民や議会に対する情報発信や固定資産の評価基準についてアドバイスしたり、財務情報分析の指針づくりや運用への助言、行政評価、コスト計算、目標管理制度、予算の配分、バランスト・スコアカード作成についての助言、財務関連の職員研修などを一括して行います。この分野、地域の公認会計士さんが大活躍できそうですね。

(15) 時代はICT! 情報システム・WEBサイト構築

2005年あたりから自治体の何が変わったかって、ICT社会づくりやインターネットユーザーへの対応です。自治体公式WEBサイトはもちろん、自治体各部署ごとのホームページやプロジェクトごとのホームページ、さらにはエコロジー・観光・産業などの市民と接する機会が多い分野にはそれぞれ別のサイトが立ち上がったりしています。特に2011年頃からはTwitter、Facebook、LINEなどのSNSコミュニティの開設もめざましく進みました。でもこの分野、自治体組織がちょっと不得手とする分野のひとつ。なにせ今まで全く存在しなかった仕事なので自治体職員にその道のプロがいないのです。そんなわけで全国の自治体からWEBサイトの更新やアプリ開発などICTがらみのお仕事がそれは数多く、そして毎月のように発注されるようになりました。

中津川市特産品販売インターネットスタジオ創設事業

岐阜県中津川市商工観光部商業振興課からは、インターネットショップのシステム構築のお仕事が出されていました。予算額は2058万4000円です。中津川市の特産品について生産者、販売者、観光関係者、宿泊施設、飲食店から情報を集め、PR用のサイトとネットショップを構築するのが主な内容。さらにこのお仕事をすすめるための要員として若い世代の失業者を5名ほど雇用することが求められています。

富士の国やまなし外国人誘客促進アプリ設計業務

これも２０２０年東京オリンピック・パラリンピックがらみのお仕事で、山梨県観光部観光振興課広域振興担当から。

成田空港や羽田空港から山梨県へのアクセスに不安を感じている外国人旅行者に対し、全県に設置を進めているＷｉ‐Ｆｉスポットを活用したＰＣ・スマートフォン対応のアプリを構築するためのシステム基本設計がお仕事の内容。予算額は１９４万４０００円です。

(16) ちょっと上級者向け、「行政計画」をつくるお手伝い

自治体の本業「地域づくり」。そのためのいろいろな政策や事業は税金で賄われている以上、自治体トップの県知事や市長、決済のハンコを押す課長の気分や好みで場当たりに行うわけにはいきません。実はどの自治体も市民の意見を聞いた上でそれらを取り入れ社会動向なども考慮し「これから私たちのまちはこんな方向でつくっていきますよ」ということを具体的に示した中長期的なプランをつくっているのです。各種の政策や事業はそのプランに沿って計画的にすすめられています。

ただまちづくりと一口に言っても道路や橋を架けたりすることのほか、観光や産業、お年寄りや子どもの福祉、労働や雇用、環境問題、市民サービスなど色々な分野にわたりますよね。ですから全ての分野のフレームをざっくり示した全体のプランと、それぞれの分野について取り組む内容や目標が示されている分野別のプランがつくられます。自治体の数は２０１４年現在で都道府県市区町村合わせて１８００弱ありますが、ほとんど例外なくこうしたプランがあってホームページなどで公表されています。

これらのプランは「行政計画《ぎょうせいけいかく》」と呼ばれるもの。自治体の役割のほか、民間企業や市民はこれからはこんな役割を果たしていってよね、ということが事細かに書いてあります。

えっ、そんなのあったっけ？　と思った方。あるんです！　試しにお住まいの地元自治体のホームページにアクセスして「行政計画」でキーワード検索してみてください。総合計画とか○○基本計画・○○プランとかいうタイトルで必ず引っかかってきます。

ところで、試しに何人かの友人に「地元の行政計画って見たことある？」と尋ねたところ、全員「何ソレ。知らない」「見たこともないけど…」。さらにその内の一人は「市民の知らないところで勝手にそんなのが作られてるのってどうよ」。いやいや勝手に作ってませんから。市民アンケートなどでプランの骨子をつくり、たたき台ができたところで「パブリックコメント（市民の意見）」を受け付けてそれを反映させてようやくプランが完成するのです。

そうなんですよねー。一般市民にほとんど知られていないんですよ、行政計画。自治体も行政計画を知ってもらうためカラフルでおしゃれなレイアウトの概要版を作ったりいろいろ努力しているのですが、効果はイマイチなのです。

ともあれ、自分が住むまちの将来的なビジョンとミッション、そして企業や市民としてやるべきことが示されている行政計画、一度ご覧になってみてはいかがでしょうか。自治体ホームページからプラン本文やざっくり丸めた概要版がＰＤＦでダウンロードできます。

おっと話がそれてしまいましたね。このお仕事はズバリ、行政計画づくりのお手伝いです。市民アンケートの設計や集計、地域の現状分析、これからのまちの目指すべき方向性と施策の体系のとりまとめ、プランの原案づくり、パブリックコメントの集計と反映、場合によっては印刷まで。行政計画づくりを一貫して行います。


白井市第５次総合計画および白井市都市マスタープラン策定業務

千葉県白井市総務部企画政策課企画政策班からのお仕事。

総合計画とはその自治体の地域づくりについてビジョンやミッションが大枠で示されてい

る計画です。一方都市マスタープランとはインフラ整備を含めた都市計画をどのように進めるか示した計画。この2つのプランを足掛け2年間で作っていくというものです。平成26年度は1336万8000円、平成27年度は1453万8000円予算がついています。

本庄市健康づくり推進総合計画策定業務

埼玉県本庄市は、市民の健康づくりのための行政計画をなんと3つも作っています。健康づくりを総合的に進めるための取り組みを示した「健康増進計画」、食に関する知識を深める教育を進めて市民の健康づくりに一役買うことをねらった「食育推進計画」、虫歯予防など歯の健康への取り組みを進める「歯科口腔保健の推進に関する施策を総合的かつ計画的に推進するための計画」の3つです。これらの計画、それぞれテーマは違いますが目的は同じ。市民にはちょっと複雑でわかりにくいですよね。

そこでこのお仕事、これらの健康関連計画を一本に統合し、本庄市で進めているその他の健康関連事業との整理・統合作業も含めてやってしまおうというもの。こちらも2年間かけて一本の計画をつくるという内容になっており、平成26年度から27年度にかけて609万5000円の予算がついています。

(17) えっ、こんなことも?:想定外のお仕事

さていろいろご紹介してきた自治体のお仕事。中にはなるほどねというユニークなものや思いもよらない斬新な発想のお仕事が出されることがあります。ここではそうした想定外のお仕事をピックアップしてみました。

大槌町生きた証プロジェクト推進業務

岩手県大槌町総合政策部総合政策課から、予算額は2493万4000円。

東日本大震災で亡くなった1284名の町内犠牲者全員を対象に、その人柄などを知る方々をインタビュー取材し、記録として収集するお仕事です。

事業の目的は2つ。ひとつは「忘れない」。東日本大震災により不条理に生を奪われた方々を決して忘れないという意思と生きた証を記録として示すこと。もうひとつは「犠牲者の供養」。このプロジェクトの推進を通じて犠牲者の方々を供養することです。

LGBT支援事業

大阪市淀川区市民協働課から317万4000円で出されているこのお仕事は、全国に先駆けたとても先進的なものです。

「LGBT」という用語をご存知でしょうか。「レズ」「ゲイ」「バイセクシュアル」「トランスジェンダー」の頭文字を取った総称です。

2013年9月、全国で初めて行政として「LGBT支援宣言」を発表した大阪市淀川区役所では、LGBTに関する正しい知識と理解を深め、少数者の人権を尊重したまちづくりを進めていこうとしています。

このお仕事は、日常の社会生活で苦しんでいるLGBTの当事者や周囲の方々からの相談を受ける体制をつくり、LGBTの当事者が誇りを持って暮らせるだけでなく多様な方々がいきいきと暮らせるまちの実現を後押しするものです。

内容は、LGBT当事者をアドバイザーとして派遣し区長や関連施策への助言を行うこと、区民や区内企業向け講演会を2回以上、職員研修を6回以上実施すること、LGBT当事者からの電話相談、LGBT当事者と市民の交流会を開催などとなっています。

岐阜市立看護専門学校平成25年度ハワイ研修業務

岐阜市立看護専門学校から870万円で出されているのはハワイ研修業務。水着姿の若い看護師さんたちと一緒にワイキキビーチで海水浴?! いいなあ～、なんて一瞬思った方、とんでもないことですよー。ハワイの医療は世界的にも先進的で、市の未来の医療を担う若い看護師さんに実地で先進医療に触れてもらおうというお仕事です。せっかくハワイまで行くのですからしっかり学んできてもらいたいものですね。

いかがでしたでしょうか。他にもたくさんの興味深いお仕事があります。詳しくご紹介できなかったものは一覧表にまとめましたのでぜひご覧ください。

特に中小企業・零細企業、個人コンサルタントさんや開業されている公認会計士・行政書士・中小企業診断士など士業の方々は、ぜひ地元自治体のホームページをのぞいてみて下さい。「こんなお仕事があったんだ」「これならうちにもできるかも」。そんな思いがけない素敵なお仕事との出会いがきっとみなさんを待っています。

発注自治体	お仕事の名前	内容	予算額
東京都港区産業・地域振興支援部産業振興課	中小企業ワーク・ライフ・バランス支援業務	港区内の中小企業へのワーク・ライフ・バランス導入を進めるための講演会、個別相談を実施し、導入のコツをまとめたハンドブックを作成する。	160万円
東京都世田谷区	世田谷区子育て応援アプリ構築・運用業務	妊娠から就学前の子どもを持つ家庭のパパ・ママ向けにスマートフォンアプリを開発する。	非開示
沖縄県久米島町役場産業振興課	久米島特産品販路開拓事業	久米島の特産品である「紅芋」と「海洋性乳酸菌」を使った商品開発支援及びマーケティング戦略の立案、販売事業者へのマーケティングセミナーの実施。	900万円
京都府商工労働観光部染織・工芸課	京もの工芸品販路開拓支援事業	京都の工芸品の販路開拓サポート策を企画・実施し販路拡大と売上増加を支援する。支援の対象とした伝統産業分野の職人さんの処遇改善も狙いとしている。	400万円
兵庫県朝来市市長公室総合政策課	朝来市シティプロモーション戦略策定業務	朝来市の魅力的で他にない独自性がある地域資源を見出し、新たな魅力・価値として市内外にプロモーションするための戦略を策定する。	500万円
広島県商工労働局観光課	おもてなし度調査業務	広島県を訪れる観光客に対するおもてなし・サービスの現状と課題をインターネットアンケートやヒアリング等で調べ、取り組む方向性と施策を提案する。	274万5000円
愛媛県松山市産業経済部都市ブランド戦略課	市民の愛着向上事業	市民自らが松山を好きになり松山ファンを広げていくため、松山の魅力を体感し愛着や誇りを高めていくプロモーション活動を企画・運営する。	199万8000円
熊本県企画振興部企画課	「熊本県しあわせ部」に係る広報及び「スマイルデザインコンテスト」企画運営業務	熊本県民幸福量を増大させることを目的として設置した「熊本県しあわせ部」のプロモーションを部長のくまモンとともに行い、身近な幸せを集めて評価する「スマイルデザインコンテスト」を企画しサイトを立ち上げ運営する。	400万円
栃木県産業労働観光部観光交流課観光振興担当　海外誘客チーム	外国語観光パンフレット作成業務	栃木県の観光施設・名勝・イベント・特産品といった観光情報を外国人に対しわかりやすく効果的に発信する観光パンフレットを作成する。	298万1880円

発注自治体	お仕事の名前	内容	予算額
栃木県総合政策部地域振興課	「新とちぎ百選(仮称)」選定コーディネート業務	栃木県民の郷土愛を育て県のブランド力向上のため、栃木県の名勝・特産品などの百選を決めてPRイベントを行う。	1000万円
青森県七戸町商工観光課	七戸町観光ウェブサイト制作業務	既存の複数の観光情報発信サイトを集約し、観光情報の発信と緊急時の防災・避難情報等の提供が可能なサーバー環境を整えたサイトを制作する。	457万9200円
広島県総務局広報課	広島県テレビ広報番組制作等業務	広島県民に県政情報をよりわかりやすく効果的に発信するためのテレビ広報番組を企画・制作し放送する。(平成26・27年度、年44回以上放送、放送時間4分以上)	9257万8000円
千葉県成田市高齢者福祉課	高齢者及び障がい者配食サービス委託業務	在宅の高齢者や障がい者に対し毎日の食事を宅配し食生活の改善を支援する。また配達時に安否を確認する。	1食あたり810円を上限とする。
熊本市農水商工局商工振興課	熊本市商店街買い物弱者対策事業モデルプラン策定業務	身近な商店の減少や高齢化で増加している買い物弱者を対象とし、消費の実態のニーズ調査と分析を行い対策のためのモデルプランを立案する。	200万円
大阪府福祉部子ども室家庭支援課育成グループ	児童虐待防止・オレンジリボンキャンペーン事業	児童虐待防止のオレンジリボン運動を周知するため、インパクトと訴求力の高いイベントを開催する。	735万5000円
高知県地域福祉部障害保健福祉課	自殺対策啓発事業委託業務	自殺や精神疾患等についてマスメディア等を利用した広告およびキャンペーンを企画・実施する。また一般県民を対象としたシンポジウムを開催する。	2265万6000円
横浜市健康福祉局企画課	よこはまウオーキングポイント事業共同事業者募集	市民に歩数計を配布し楽しみながらウオーキングに取り組んでもらうWEBシステムを使ったポイント制度の仕組みをつくり市と共同で事業を進める。	市の負担額400万円
福岡市子ども未来局放課後子ども育成課	放課後等の遊び場づくり事業運営業務	「わいわい先生(現場責任者)」を派遣し子どもが放課後自由に安心して遊びや活動ができる場を企画し運営する。	161万4600円
山形県子育て推進部子育て支援課	ライフデザイン形成意識調査事業	若者・子育て世代・親世代を対象に、結婚・妊娠・出産・就労・子育て・三世代同居等に関するインタビュー調査を実施し、世代間懇談会を実施する。	430万9000円

発注自治体	お仕事の名前	内容	予算額
長崎市市民生活部市民課	市民課窓口事務委託	平成26年度～29年度までの4年間、市民課の窓口業務一切を委託する。	4億1681万7000円
京都市	発信型英語講座	英語の資格を有するものの英会話に慣れていない職員を対象に、英会話で京都の魅力を伝えることを学ぶ。	95万円
（財）茨城県中小企業振興公社総務企画課	会計監査人候補者選定	計算書類およびその附属明細書、財産目録、キャッシュフロー計算書を監査し会計監査報告書を作成する	277万2000円
山形県企画振興部情報企画課	公共サービス関連アプリケーション募集事業	公共サービスに活用できるアプリケーションのコンテストを企画・実施し、事業全般について助言・協力を行う。	120万円
沖縄県商工労働部情報産業振興課	アジアIT人材交流促進事業	アジアのIT企業の経営者・技術者を招き、県内IT企業との研修会やセミナーを通じて人的ネットワークを構築する。	1541万4000円
愛知県安城市図書情報館ICT化基本構想策定業務	安城市中央図書館	安城市図書情報館を人的交流の拠点とし中心市街地の活性化へ発展させるためのハード・ソフト面での提案や具体的施策、アクションプランを提案する。	800万円
兵庫県加古川市税務部債権回収課	加古川市市債権電話催告等業務	市税、国民健康保険料などの滞納者に対して行う電話での催告を委託する。	3910万3000円
愛知県建設部公園緑地課全国都市緑化フェア推進室内	全国都市緑化あいちフェアオリジナルPR商品のライセンス管理および販売等業務	第32回全国都市緑化あいちフェアの周知と効果的なPRを行うため、シンボルマーク等を利用したフェアのオリジナルPR商品を開発、販売する。また商品のライセンス管理、開発、卸売、公式販売店運営業務を行う。	―
千葉県浦安市都市環境部ごみゼロ課クリーン推進係	ごみ減量・再資源化キャラクター着ぐるみ製作業務	浦安市のごみ減量・再資源化キャラクター「クルンちゃん」「グルンさま」の着ぐるみを通気性・軽量化・耐久性・着脱容易性のあるものに作りかえる。	129万6000円
埼玉県企画財政部改革推進課官民連携推進担当	秘書業務に係る労働者派遣業務	埼玉県に約23人いる各部局の長へ専属秘書を派遣する。	1840円（1時間あたり）
広島県福山市文化課	『まんが「福山を知ローゼ」第4集』原作制作業務	福山市の歴史をわかりやすく周知するための漫画「福山を知ローゼ」第4集の原作を制作する。	230万円

3章

そもそもお役所ってどんなところ?

さまざまな分野からお仕事を民間企業に発注しているお役所。ビジネスとしてやってみたいと考える方がいらっしゃるなら、まずは相手のことをよく知らなければなりませんよね。

たとえば、あなたは好きな異性のハートを見事射止めました。気分最高です！

そして初めてのデートの前、あなたは相手について色々なことを考えます。どんな話題で盛り上がるのか。どこに連れて行くと喜ぶのか。そうだ、食事はどうしよう。イタリアン、フレンチ、中華、和食、気取らない居酒屋、それとも天気のいい日に眺めの良い所に行ってお弁当？　とにかくどうしたらもっと自分を好きになってもらえるのか、相手のことをよく知りたいと思うはずです。

これ、ビジネスでも一緒です。ビジネスパートナーとしてこれから一緒に仕事をする会社について、会社概要はもちろん、経営理念、製品やサービスの特徴、その強みや弱み、どんなお客様と取引しているのかという仕事上の情報から、職場の雰囲気、一緒に組む担当者の考え方や性格などの身近なところまで、きっと調べたり尋ねたりするでしょう。

もちろん地方自治体とお仕事をする場合も例外ではありません。これからパートナーとしてお仕事をしようとする自治体のことはちゃんと知っておく必要がありますし、知りたいと思うでしょう。

さあ、ここで「地方自治体」をひとことで説明できる方、手を上げて下さい。道路や橋を作ったりしているところ、住民票を発行しているところ、税金を収めるところ、他にありませんか?

そうなのです。地方自治体が要するに何をやっている組織なのか、その全体像や実態をちゃんと知っている人は驚くほど少ないのが現状なのです。まず学校では教えてくれませんし、社会人になってからは自治体といつもお取引がある会社にでも入らない限り知る機会はゼロと言ってもいいほどです。

そこで「地方自治体って何なのか」、みなさんが一緒にお仕事をするうえで最低限必要なレベルで掴めるように、身近な話題も交えながらざくっとご紹介していきましょう。

1 誰も言わなかった地方自治体 Q&A

まずは入門編、名づけて「誰も言わなかった地方自治体Q&A」。誰もが「もやっ」と持っている素朴な疑問からよく話題になる地方自治体のイメージにかかわるものまで5つ、独断で厳選・解説といきましょう。

Q1　「地方自治体」って何？

A1　「一定のエリアに住んでいる人たちの意思に基づき地域づくりを担う法人」です。

かんたんに説明するとこんな感じでしょうか。

難しくいうと「国の領土の一定の地域を基礎とし、その地域内における住民を人的構成要素として、その地域内の行政を行うために、国から付与された自治権を行使することを目的とする法人」となります。そう、法人格があるんですね。

注目したいのは「住民」ありきという点。みんなが幸せに、そして快適に暮らせる地域をつくるためにはどうしたいかを考えて声を上げるのはあくまでも住民、それを実現する組織が地方自治体。住民と自治体、果たす役割や機能は違いますが目指すゴールは同じというわけです。

さて、肝心の「地域づくり」をすすめるため、地方自治体にはどんな部署があるのでしょう。お仕事の内容も含めてざっくりご紹介すると次のようになります。

このように建設や土木のほか、住民サービスに関わるさまざまなお仕事があるのがわかりま

部門（民間企業で「部」や「事業部」にあたる）	主な仕事
総務部門	財政、人事、情報開示、広報、公有財産管理などの内部管理
企画部門	地域の長期的な方向性を示す計画づくり、行財政改革、地域全体の振興政策、新たな政策の調査研究など
住民生活部門	戸籍、住民登録、交通安全、消費生活相談、国際化推進、文化活動の支援、自治会や町内会、NPO活動の支援など
環境部門	自然環境保護、公害対策、ごみ対策、地球環境問題対策など
保健福祉部門	地域住民の健康づくり、人権政策、生活保護、こども・お年寄り・障がいを持つ方への福祉政策、国民健康保険・国民年金など
商工部門	各種産業の振興、観光の振興、働く人の能力開発や労働環境改善の支援など
農林水産部門	農業、林業、水産業の振興、農村や漁村の振興など
土木・建設部門	道路、橋梁、ダム、河川の整備、都市計画の策定、上水道、公園、住宅の整備、建築や土地開発の許認可など
教育部門	学校教育の推進、生涯学習の振興、体育・スポーツ・文化の振興、学校施設の整備など
その他の部門	水道事業、交通事業、病院事業など

す。部門の中はさらに「産業振興課」や「行政改革室」などの課や室に分かれ、課・室個別に事業を検討し、民間企業にお仕事が発注されます。

Q２　民間企業とどこが違うの？

Ａ２　民間企業は「お金を稼ぐ」。地方自治体は「お金を使う」。

地域をよりよくするための「元手」は地域住民や民間企業が納めた税金。その税金の使い道を住民のニーズを踏まえて検討して、結果としてインフラ整備や住民サービスを計画し提供するのが自治体の仕事です。要するに納められた税金、すなわち「お金」を地域のために使うのが地方自治体の組織の目的といえます。

一方、民間企業だと事情は全く異なります。民間企業はお客様から評価される優れた製品やサービスを開発して、お客様に販売したり提供したりすることで利益を上げる、すなわち「お金を稼ぐ」のが組織の目的です。同じお金でも「使う」と「稼ぐ」に両者の大きな違いがあります。

さて、ここで一般市民の間に何となく浸透している「税金を使う＝悪いこと・ムダ遣い」というネガティブなイメージについて一言。そもそも私たちは何のために自治体に税金を収めているのでしょうか。

結論。「税金は使うために納めている」のです。

たとえばあなたの家の隣に身寄りのない一人暮らしのお年寄りが住んでいたとします。あなたの家の子どもたちをとてもかわいがってくれて、心豊かなご近所付き合いをしてきました。ところがある日突然そのお年寄りが脳こうそくで倒れ寝たきりになってしまったのです。あなたは心を痛め、そのお年寄りに何かできることはないかと考えます。でも日々の生活や仕事が忙しくて、とても寝たきりのお年寄りを、それも他人を介護する余裕はありません。かといってそのまま放置するとどうなってしまうでしょうか。間違いなくその心優しい隣のお年寄りの命は失われます。

ここで役に立つのが、あなたが納めた税金です。あなたが助けたいと思う隣人を、地方自治体があなたの「代理」として行き届いた介護が受けられる施設でお世話します。そのときに使われるのが、あなたが納めた税金の一部なのです。

介護だけではありません。さびれた商店街に人を呼びたい。子どもを預ける施設を増やしたい。バス路線が走ると地域のお年寄りが助かるけれど民間企業では採算が合わなくてとてもできない。その他たくさんの「困ったこと」で皆さんの手に負えないことは身近にたくさんあります。それらを解決するために、皆さんは「税金」というお金を出し合うわけです。

でもただお金を集めるだけでは困ったことは解決しません。集めたお金を管理したり、困ったことの解決に使うための対策を考え、計画を立てて実行するという段取りがなければ困ったことの解決は実現しません。ではお金を出した皆さん自身がそこまで引き受けられるでしょうか。現実問題として日々の生活に追われて難しいですよね。だから「集めたお金を皆さんに成り代わって困ったことの解決に使うための専門組織」として地方自治体が必要となってくるわけです。

だからといって住民のためなら何にでも税金を使って良いわけではありません。それこそムダ遣いはあってはならないことです。ただ、ムダ遣いとはどのようなケースをいうのでしょうか。

たとえば、よくムダ遣いだという非難の矛先が向くのが重厚長大な地方自治体の庁舎。建設費何十億円という予算が開示された途端、そんな豪勢な建物に建て替える必要はない、質素な庁舎で充分だというクレームが殺到したりします。

確かに華美である必要は全くありませんが、自治体の庁舎には地震や大火災など地域の重大な緊急時に災害対策本部が置かれます。もちろん住民の避難場所になったり、情報発信拠点になったり、災害備蓄品を常備していたりと、いざというときに住民の生命と財産を守る拠点としての機能も持たせなければなりません。そのためにはある程度の災害にもびくともしない頑丈な躯体であることが不可欠です。その結果見た目ムダに重厚長大に見えてしまって地域住民から非難されることもしばしば。

さて、どこまでが税金のムダ遣いで何が適切な使い道なのか。これをしっかり見極める目もこれから住民側にますます求められてくるのではないでしょうか。

Q3　とにかく対応が遅い。何かにつけて時間がかかるのはなぜ?

A3　法律や規則にがんじがらめが原因です。

「お役所仕事」。何かと手続きに時間がかかったり、融通がきかない国や自治体を揶揄《やゆ》していう言葉ですね。

なんでこうも段取りが悪いの？　誰もが一度はこんな印象を行政サービスに対して感じてイライラしたことがあるのではないでしょうか。その背景には、全てのお仕事やその段取りが一般市民の目に見えない法律や規則で細かく決められていることがあります。

まず大きいのが「地方自治法」。地方自治体の担う役割と責任、組織のあり方、業務の内容までこの法律で定められています。その他に地方自治体が個別に決めている条例や規則などがあり、仕事の段取りの細かいところまでこうした決まりに影響されます。

民間企業ではここまでの決まりはありません。なぜここまで細かく決めているのか。それは、全てが地域住民から集めたお金、すなわち税金によって運用されている組織だからです。大勢の人々から集めた税金を使っている以上、仕事に間違いや不公平があってはならないのです。良くも悪くもさまざまな手続きを一つひとつ文書にしてよく確認して、次の行程に渡すというプロセスを踏むことで間違いなく仕事をこなす。そのための法律や規則でさまざまな手続きがどんなケースでも同じように処理できるような仕組みを作っているのです。

松戸市の「すぐやる課」

これは大切な税金を分け隔てなく使う立場だからこそなのですが、スピードが求められる昨今の社会情勢にはなじまなくなりつつあるのも事実。そうした公共サービスをめぐる社会的な変化に対応するために、多くの自治体では機動的で弾力的に住民ニーズに応えられる取り組みが進められています。

たとえば千葉県松戸市。

市民対応スピードアップの取り組みはとても早くから始まりました。昭和44年10月、全国に先駆けて「すぐやる課」を設けて、市民のすぐに対応してほしいという要望を受け付ける仕組みを創ったのです。仕掛け人は当時の松戸市長、松本清さん。言わずと知れたマツモトキヨシの創業者です。以降、これを契機に全国の300あまりの自治体で同じ機能を持つ課や係が創設されたり仕事の内容に加えられたりしました。

ところで「すぐやる課」のお仕事の内容はどんなものなのでしょう。

平成25年度の松戸市すぐやる課が処理した案件をちらっと覗いてみたところ、車に轢《ひ》かれた犬や猫の死骸を処理したり、道路の補修や側溝のお掃除など全部で2810件ありました。1日平均で11件あまりの計算ですね。実は一番多かったのが「スズメバチの巣の駆除」で1301件、なんと半数近く。もちろんすぐやる課の職員さんが防護服に身を包んで駆除に出動するわけで、駆除のプロではないがゆえに刺されて大変な目に合うことも少なくないとのこと。すぐやるのも楽じゃありません。

ちなみに同じ目的で東京都世田谷区にも「すぐやる課」があったのですが、平成25年3月末日を最後に廃止されました。理由としては、職員全体に「すぐやる」という意識が定着してきた、というもの。なるほど、「すぐやる」が当たり前になることがそもそも一番いいに決まっていますよね。

Q4　なぜ「民間企業と比べてヒマそうだ」というイメージがあるの？
A4　市民の目につく部署が忙しそうに見えないのが背景のひとつです。

「お役所仕事」が語られるときに一緒にヤリダマに上がるのが「民間企業と違ってヒマそうだなぁ」というイメージ。そもそも市民にとって仕事が目に見えているのが、地方自治体の部署のうち市民対応窓口を持つところです。引越の手続きなどさまざまな暮らしの届け出、国民健康保険や税金収納窓口などがこれにあたります。カウンターの前に行くと、開けたフロアの一番奥に課長さんの席があってゆったり資料に目を通している。その手前に実務を粛々と無表情でこなしている職員さんがかなりの人数いたりします。おまけに5時きっかりで窓口は閉まってしまい、機械的な対応をされてしまう。急いでいるこちらとしてはこんなに大勢人がいるのに何で？　みんなマイペースで淡々と仕事を進めていてとても急いでいる感じがしない！　なんちゅうヒマな人たちなんだ！　という印象を持ってしまう方がいるのも無理からぬことです。

手続きについて融通を効かせることができない事情はQ３で触れたとおりで、残念なことにこれがヒマそうにみえてしまう遠因かと思われます。

さて、ここでお役所の部門を思い出してみましょう。市民対応窓口を設けている住民生活部門や保健福祉部門のほか、いろいろな部門がありましたね。こうしたその他の部門は、多くの場合市民の目にあまり触れない庁舎の上のフロアにあるか、別の庁舎にあるかで、仕事の実態が市民の目につきにくいのが現状です。

上のフロアは夜討ち朝駆け

そして、フロアの上にあるその他の部門、実は夜討ち朝駆けで働いている部署が少なくありません。自治体組織としてはノー残業デーを設けて過重労働を減らそうとしているのですが、財政が厳しいために職場に人が増やせないばかりでなく、仕事は減るどころか増える一方、という事情があるためになかなかままなりません。

以前、虐待を受けた子どもの養育に関する児童福祉のお仕事を、ある自治体の子ども家庭課と一緒に取り組みました。その時は打ち合わせが終わるのが22時を超えることも珍しくなく、担当職員からのメールの送信時間も午前1時を回ることもしばしば。私がすかさず返信すると、「ずいぶん遅くまで仕事してるんですね」とのお返事。それはお互いさまです、頑張りましょう！　と返信したことが思い出されます。

そんな一般市民の「お役所はヒマそうだ」というイメージを変えられれば官と民の相互理解は深まるに違いない。そう思った私は、普段目につきにくい地方自治体のさまざまな部署を見学するという極めて地味なツアーを一般市民向けに企画したことがあります。

その企画を私の住まいがある自治体の広報課に持っていったところ、いやそれがもう怪しまれるのなんの。不審人物確定です。「あなたはどこのどなたですか」「何が目的でそんなことをするのですか」「他の都市で同じ活動をした実績はありますか」などなど根掘り葉掘り尋ねられたあげく、検討して1か月後にお返事します、との極めて冷たいお言葉。その後待てど暮らせど連絡は来ずで、涙を呑んで諦めました。

あーあ、せっかく両者のためになるのに。とても残念でした。

その一方気づきもありました。一般市民に馴染みのない部署の仕事ぶりを積極的に知ってもらおうという発想が自治体側にないことと、自治体という組織が窓口業務以外に何をやっている組織なのか知ろうという発想が一般市民にもないということが、とてもよく実感できたのです。

このツアー企画、いずれ実現させようと懲りずに目論んでいますが、さてツアーを受け入れてくれる自治体や参加してくれる一般市民が果たしているのかどうか。ちょっと心配な今日このごろです。

Q5　年度末や年末に道路工事が多いのはなぜ?

A5　大きな道路の工事は時間と手間がかかり、工事が終わるのが年度の終わりになってしまう。

Q&Aの最後はこれ。正直避けて通りたいテーマです。ドキドキします。猫の首に鈴をつけにいく気分とはこんな感じでしょうか。もういっそ大炎上は覚悟の上で道路工事の背景にある事実にえいやっと踏み込んじゃいましょう。

地方自治体で最も多い苦情のひとつが、この年末の道路工事。予算の消化をするために必要もないのに道路を掘って埋めるのを繰り返していて税金のムダ遣いだ、という苦情や意見が地方自治体には毎年大変な数寄せられています。

そもそも道路とは

さて、道路工事の背景にある事実をお伝えする前に、まずは道路とは何かについて確認する必要がありそうですね。

そもそも道路とは地域でどのような役割を持っているのでしょうか。

道路とは、単に人や車の通り道なのではないのです。道路の下、目に見えない地下には上水道、下水道、ガス管、そのほか都市機能の維持に欠かせない電線ケーブルや情報通信ケーブルなどが走っています。要するに道路は人間の体で言うとたくさんの神経が通っている脊髄や、体全体に血液を巡らす大動脈のようなもの。多くの道路工事は路面の舗装ではなく、こうした道路の下に埋まっている血管や神経にあたるガス管・上下水道管・電線・情報通信ケーブルの設置やメンテナンスのために行われています。

そもそもこうしたケーブルをなぜ道路の下に埋めるのか。もちろん住宅地や公園・緑地などの下には埋められませんよね。住宅の下を掘り返すわけにはいきませんし、公園や緑地などにはメンテナンスや修復を行うための工事車両の出入りはできません。工事を効率的に行うためには工事車両がスムーズに入れる道路の下に埋めるのが合理性からすると当然というわけです。

持ち主が違えば、深さも違う

さてこうした地域の大動脈に当たるいろいろな管やケーブル類。それぞれ設置している会社が異なっています。上下水道は自治体、ガスは民間のガス会社、電線ケーブルは電力会社、情報通信ケーブルは通信関連会社が管理主体という具合です。

そしてこれらのケーブル、埋まっている深さも異なるのです。深さが違うと、工事に使う重機の種類も違ったりするためますますやっかいです。特に最近埋設が進んでいる情報通信ケーブルは、すでに埋まっている他の管を避けて迂回したり、その管よりも浅いところか深いところに設置しなければならず、細心の注意を払った工事をしなければなりません。

複数の会社が管理する管がひとつの道路に一緒に埋まっているとなると、会社ごとにいちいち掘り返して埋めるのは膨大な時間とコストがかかってしまいます。地方自治体としてはなるべく工事している時間を短くするため、一旦掘った場所については連続して複数の会社がそれぞれ管理する管やケーブルを続けて工事する段取りを取るのですが、掘る深さが異なると工法も異なって、重機の入れ替えが必要だったりするなどで単純にはいかないのが現状です。

道路工事がちゃちゃっと進まないワケ

なによりも怖いのは、掘る場所や深さを間違えると地中に埋まっている管を傷つけて、都市機能に重大な影響を及ぼしてしまうこと。

厄介なのが近年埋設が進んだ情報通信ケーブル。少し前になりますが平成17年に国土交通省が行った道路工事で誤ってNTTドコモの光ケーブルを切断してしまうという事故がありました。この時にはこの光ケーブルがフォローする範囲の情報通信機能が19時間も停止してしまいました。

たとえばあなたが仕事でネットを経由して株式投資や資産運用をしていたとしましょう。数億円規模の買い注文を入れようとしたそんなときにケーブル切断事故で通信機能が停止していたとしたらどうなるでしょう。売買のタイミングを逸し億単位の損失をあなたの会社は被ってしまいます。その損失を自治体が補償するとなると、せっかく地域の住民が働いて納めた税金がそれこそ億単位でムダに捨てられてしまうことになってしまいます。

こうした事故を防ぐために、情報通信ケーブルが埋設されている道路の工事の際には事前に試し掘りをしたり地中探査機で地面の下の状況をよく調べたり、場合によっては埋設場所を確認しながら作業員が手作業で掘ったりする対応が取られているほどです。

情報通信ケーブルでなくても一般的には道路工事に着手する前には測量をして掘る場所を確認してから工事の図面をつくり、事業計画書に当たる「施工計画書」をとりまとめて確認し、道路を専有する許可をとったりなど、工事でケーブルや管を傷つける事故を防ぐために、それはそれはさまざまな段取りを踏んで工事がすすめられます。

このように道路工事とは「ただ掘って、工事して、埋め戻す」というたぐいの単純なものではありません。地域の快適な暮らしや産業を支えるためのもので、とても手間と時間がかかるものなのです。人間の大動脈の手術でもそうですよね。丁寧に検査を重ねて情報を集め、どこをどう切ったら良いか術式を検討し、細心の注意を払って時間をかけて手術します。ちゃちゃっと切って血管すげ替えて、さっさと縫合というわけにいかないのと全く同じです。

3月の議会の後でないと

そんなに手間と時間がかかるのなら、年度末に工事が重ならないように前年度から準備に入ればいいんじゃないかという声、聞こえてきそうですよね。

それができないのが地方自治体のつらいところ。

こうした工事はもちろん地域住民が出し合った税金によってまかなわれます。税金は地域のためのものですから、あらかじめ使いみちを計算して決めてから決めた通りの事業に使うという仕組みになっています。こうして使いみちを決めた税金を「予算」といい、今年度の予算は前の年度にすべて使い道を決めておくことになっているのです。こうした予算が最終的に決まるのは前の年度の一番終わり、3月に自治体で開催される議会で審議し確定となります。ということは、大きな道路そのものを創るというような何年もかかる工事は別として、多くの場合3月の議会の後でないと工事の準備はおろか、工事を担う工事会社を選ぶことすらできないのです。

そのような事情があるため、4月に入ってから工事会社を選び、工事の準備に着手し、段取りをちゃんと踏んですすめるとなると、現場の工事に入れるのはどうしても年度の終わりになってしまう。年度末の2月から3月に道路工事が多いのはこうした背景によるものです。

北海道や北陸など豪雪地帯と言われる地域の自治体はもっと大変です。大雪が降る1月や2月に入る前に工事を終わらせないと、雪のせいで工事がうまくいかなかったり、あまりの大雪で工事そのものができなくなることも。そのようなわけで12月の年末に間に合わせるように工事の段取りを組んで是が非でも年内に終わらせようとするのです。

クリスマスの夜、道路工事渋滞で彼女との食事の時間に遅れそう。彼女の気持ちがこじれたらどうしてくれるんだ！　年度末でお客様に届けなければならない荷物があるのに何でこんなに工事が多いんだ？　そんなときには少しこうした背景を思い出していただければ、「まあしょうがないかなあー」という気分になって焦ったりイライラする気持ちが少しは収まるかもしれません。

最後に、自治体自らがこうした背景事情を説明するサイトを設けているケースも数多くあります。

たとえば横浜市道路局ではQ＆Aサイトを設け、「何度も同じ箇所を工事しているのを見かけますがなぜでしょうか」という疑問にちゃんと答えています。

http://www.city.yokohama.lg.jp/doro/qa/kanri/013.html

工事現場に入ったことのない私がくどくど説明するよりも本職の自治体の道路行政からの説明のほうがわかりやすいかもしれませんね。

2 めくるめく地方公務員の世界

(1) 地方公務員。憲法にまで出てくるその高尚すぎる「誓い」とは

地方公務員ってどんな仕事をする人たちなのでしょう。一般市民にはなかなかその全体像がつかみにくいですね。

またまた法律の話になってしまいますが、地方公務員を知るための一番の手がかりが「地方公務員法」という法律。すべての地方公務員は、この法律を守りながら仕事に携わっています。

その趣旨をひとことでいうと「全体の奉仕者」。

地方公務員法第30条には、「すべての職員は、全体の奉仕者として公共の利益のために勤務し、且つ、職務の遂行にあたっては、全力を挙げてこれに専念しなければならない」とあります。

地方公務員法だけではありません。日本国憲法にもこの言葉がどーんと出ています。日本国憲法第15条の2から。「すべて公務員は全体の奉仕者であつて、一部の奉仕者ではない」。

地域住民が出し合ったお金である税金を使う組織にいる以上、住民全ての利益をフェアに考えなければいけない。多様化し、ますます複雑になる住民のニーズ全体を考えなさいというわけですから、いまの社会情勢からするとなかなかどうして難しい立場ですね、地方公務員。

特に地方公務員が働く姿勢について民間企業の社員と決定的に違うところはこれ、「服務の宣誓」と呼ばれるもの。

すべての地方公務員は採用されて仕事につく前に、ある誓いを立てなければならないのです。もちろんこれも地方公務員法でビシっと決められているルール。

「職員は、条例の定めるところにより、服務の宣誓をしなければならない。（地方公務員法第31条）」

では条例の定めとは？　京都市の条例を見てみましょう。

宣誓書に署名捺印

「新に職員となった者は，別記様式による宣誓書に署名してからでなければ，その職務を行ってはならない（職員の服務の宣誓に関する条例第2条）」。

宣誓書、しかも署名。そして別記様式はこうなっています。

宣誓書

私は，ここに主権が国民に存することを認める日本国憲法を尊重し，且つ擁護することを固く誓います。

私は，地方自治の本旨に徹すると共に，公務を民主的且つ能率的に運営すべき責務を深く自覚し，市民の奉仕者として誠実且つ公正に職務に従事することを誓います。

年　月　日

氏名　印

民間企業の場合でも入社する時には就業規則や契約書にサインしますね。でも内容は雇用条件や報酬についてで、あくまでもその会社の利益のために働き、給与はその対価を得るということを前提とした会社と個人の間での決め事です。

これに対して地方公務員の場合は、特定の地方自治体に入庁しても、その自治体組織や首長（自治体のトップである県知事や市区町村長）のために働くのではありません。日本国憲法の尊重を約束し、そして地域住民全員のために働くことを固く誓うのです。

今ご紹介した宣誓書は一般職員のためのものですが、これが消防に携わる職員となるともっと厳しいものになります。

宣誓書
　私は，ここに主権が国民に存することを認める日本国憲法を尊重し，且つ擁護することを固く誓います。
　私は法令，条例及び規則並びに上司の命令を忠実に遵守し，消防職務に優先してそれにしたがうことを原則とするいかなる公共団体又はいかなる組織体にも加入せず，市民の奉仕者として良心のみにしたがって誠実且つ公正に消防職務の遂行にあたることを厳粛に誓います。
　　年　月　日
　　　　　　　　　　　　　　　氏名　印

「良心のみに従って」。とても重い言葉です。
東京都庁のハイパーレスキュー隊が福島第一原発事故の現場にいち早く向かい、自らの危険を顧みず事態の鎮静にあたったその勇姿は多くの人びとの心に刻まれました。彼らは国が派遣した特別部隊などではなく、全員が東京都庁に所属する地方公務員。もちろん一人の例外もなくこうした宣誓書にサインして入庁しています。

このような誓いを立てて仕事をしている地方公務員。彼らが時には頑ななまでにきまりに忠実なのは、こうした宣誓書で誓いを立てていることが大きく影響していそうです。

(2) 就活で人気の地方公務員。でもホントに勝ち組?

就活で依然として根強い人気の地方公務員。平成22年度の都道府県と政令指定都市(人口が50万人以上の市のこと)67団体の上中級地方公務員試験の平均倍率は実に8・4倍にものぼります。最も高倍率だったのが沖縄県で18・1倍、ランキングで最も低い67位の岡山市でさえ5・7倍。どこの地方自治体の公務員試験も狭き門です。景気の動向に左右されない給与水準や整った勤務体制、充実した福利厚生などが学生にとっては大きな魅力のようですね。

晴れて合格した後はもう安定した公務員生活が待っているだけのはず。就活勝ち組の典型と言われる所以《ゆえん》です。

確かに制度面だけでみるとそうとも言えますが、実際のところはどうなのでしょうか。民間企業の社員との違いにフォーカスして地方公務員の職場事情を覗いてみましょう。

(3) 悲喜こもごも、地方公務員の世界

さて地方公務員になると民間企業と違ってどんないいことがあるのか。やはり安定的な報酬が得られるというところが大きいでしょう。

総務省から全地方公共団体の平均給与月額が開示されています。それによると平成25年度で42万0033円。一概に民間企業の水準と比較はできませんが、額面だけでみる限りはかなりの水準の給与が支給されていると言えるでしょう。

さらに民間の中小零細企業などと違って、よほどの不祥事でも起こさない限り職場にいられなくなったり解雇されるようなことはありません。「景気低迷によって失業者が数多く出ていても地方公務員にはその痛みがわからない」としばしばメディアなどで指摘されるのは、地方公務員のこうした服務の実態を背景としているようです。

さて、オモテがあればウラがあります。ものごとはたいがいがそう。都合の良いことがあ

れば、それとバランスを取るが如く都合の悪いことがちゃっかりと天秤の上に鎮座ましましたりしていいます。

一見いいことずくめに見える地方公務員の世界、民間企業ではイメージしにくい地方公務員ならではの悲哀が感じられる現場の実態を5つご紹介しましょう。

①徹底した予算削減の余波をモロにかぶっている

地方自治体の財政状況、あまり芳《かんば》しくありません。税収が人口減少などによってじわじわ目減りする一方で、応えなければならない住民ニーズは幅広くなるばかり。どの自治体も予算の使い道について議会から、そして自治体内部の財政担当部署から少しでも削れるところはないのか？　と目を皿のようにしてチェックされます。

こんな具合ですから地方公務員の職場も例外ではありません。職場環境を整えるオフィス家具や文具などにも経費削減の手は情け容赦なく及びます。デスクや椅子が古くても公務に支障をきたさないということで、錆びたパイプ椅子を使いまわしていることも。

象徴的なのが職員さんの名刺。民間企業では名刺は会社から支給されるものですよね。財政が厳しい自治体の場合、課長などの管理職クラスはともかく、入庁して日が浅い職員さんの場合は名刺が支給されないことも少なくありません。

で、そんな彼らはどうしているか。不要になった市民向けイベントポスターやチラシの裏面を使って自分でデザインしてプリントし、カッターで切り離したら、はい、手作り名刺の出来上がり。そのつましい努力がちょっとだけ悲哀を誘います。

みなさんがこれから自治体職員とお名刺交換する機会があるときには、ぜひ裏返してみてください。もしそれがポスターの切れ端だったときには声をかけるチャンス。あ、これ再利用ですね、と水を向けると職員さんの本音のボヤキが聞けるかもしれません。

②きびしく科せられる「公務員倫理」

民間企業で言ういわゆる「コンプライアンス」。地方自治体にも厳しく求められます。それも法令遵守や不祥事防止という狭い意味にとどまらず、法律や規則などで決められていなくても、住民が職員に寄せる期待に応えるという幅の広さで対応しなければなりません。でもやはり内部的に一番重きを置かれるのが民間企業との癒着。徹底して民間企業担当者との個人的な繋がりをきびしく律しています。

たとえば民間企業が自治体からお仕事をもらいたいからといって職場に何か差し入れした

り職員さんを飲食に誘ったりなどもってのほか。職員さんにとっては大変な迷惑行為です。そんなことを申し出ようものなら覚えがめでたくなるどころか出入り禁止になりかねません。

自治体営業で相談に来られたある企業の方が、「民間企業で通じる寝技が全然通じないんですよ〜」とおっしゃっていましたがそれは当たり前のこと。あ、ここでいう「寝技」とは柔道やレスリングの技ではありません。接待や付け届けなどの気遣いでお客様の心を掴んで受注に結びつける手法のことです。

こうした「寝技」につい魔が差して応じてしまった自治体職員には、彼らにとってもっとも恐ろしい収賄罪というお仕置きが待っています。

市長から社長に抗議。ああ、遠藤くん

さて、このようにきびしく制限される民間企業との個人的なかかわりですが、民間企業という異業種との交流が制限されることは仕事の視野を広める機会を失うことでもあります。それに、お取引先の担当者がちょっと気が合う異性だったりするとモチベーションが上がって仕事ががぜん楽しくなって高い成果が上がったというような経験、だれでも一度くらいはあるはずです。打ち合わせの後ちょっとお食事でも、というお付き合いがゴールインにまで

素敵に発展するのも珍しくないことです。そういう外部の人との繋がりがもたらすワクワク感や世界の広がりから、すべての職員さんが隔絶されてしまうのはちょっと気の毒です。

以前勤めていた会社の同僚、真面目な遠藤くん（仮名）。彼がプロジェクト・マネージャーをしていたある自治体のお仕事の担当職員さんは遠藤くんと同世代の女性でした。とても仕事ができて、でも気さくで飾らない人柄。遠藤くんと息もぴったりでとてもパフォーマンスが高い仕事をしていました。働き者の彼らは打ち合わせが20時を過ぎてしまうことも多く、ある日遠藤くんは「いつも遅くなってお腹がすくので次回は軽く夕食でも食べながら打ち合わせしてはどうでしょう」というメールを彼女に送信したのです。もちろん彼には彼女をどうこうしようという気持ちはなく、単にビジネスパートナーへの配慮という意味で提案したとのことでした。

会社を激震させた大変なメールが届いたのはその数日後。なんと遠藤くんが担当している自治体の市長からの社長に対する直接の抗議でした。「御社の社員は当団体の女性職員と個人的な関係を持とうとしている。誠に遺憾である。」というような内容です。

自治体の職員さんは個人のメールアドレスを持たないことも多く、課の共通アドレスで民間企業と仕事の連絡をとったりします。その共通アドレスの内容をチェックして報告した職員さんがいたのでしょうね。これは大変だ！　ということで秘書課に一報が入り、市長のメールアドレスで抗議文が送信されたものと思われます。

なんて気の毒な遠藤くん。社長に呼ばれて会議室に長時間カンヅメ。社長直々の事情聴取を受け、たっぷりこってりお灸を据えられたあげく、その自治体の仕事から外されてしまいました。一方その女性職員さんも担当を替えられて別の仕事につくことに。事業の推進面からも大変残念な結果となりました。

職員と民間企業担当者との間にそびえ立つ「公務員倫理」という壁。壁が高くなればなるほどお互いを理解する機会がなくなるということに早く気づいてもらいたいものです。

③短期ジョブローテーションで「転職」の繰り返し

さて、こうした「民間企業との個人的な癒着」を地方自治体として確実に防ぐためには何が効果があるでしょうか。それは「短期ジョブローテーション」。

特定の職員が長年同じ職場にいると、どうしても特定の企業担当者との関係も深まってきます。それがいつしかナアナアな雰囲気をもたらし、汚職や不祥事の温床になってしまうことも。

そこで短期間で職員を別の職場に人事異動させ、特定の民間企業と深く関わることを防ごうというわけです。

この人事異動、不祥事防止という面からは効果的ですが、職員さんにとっては容易なことではありません。その異動たるやまさに「転職」に等しいレベルなのです。

たとえば、今まで高齢者福祉課でお年寄りを助けるお仕事をしていたのに、環境政策課に人事異動。全く経験のない温室効果ガスの排出量の計算を異動したその日からやらされます。建築課で建築の許認可申請しかやったことがない職員が税務課に人事異動。税金の計算や税に関する制度の問い合わせに答えたり、もう全くの素人状態で内心お手上げになってしまいます。

さらに引き継ぎ時間はないも同然。前任者からは「このボックスファイルに資料入っているから」「パソコンのこのファイルに今までの記録が全部あるから」。で、後はよろしく！　以上引き継ぎ終了。これはキビシイ。異動してきた職員さんはたまったものではありません。

それでも人事異動は公務員につきものと現実を受けいれ、努力して未経験の専門的な仕事をようやく覚えて仕事が楽しくなる頃に、はい、また人事異動。いままでの研鑽がゼロリセットされてしまいます。

都市伝説と化した希望申告制

最近ではこうした短期ジョブローテーションが職員のモチベーションを下げているという現実に、多くの自治体が職員のキャリアプラン形成のための仕組みをつくり始めました。フリーエージェント制や異動先を希望申告制にするなど個々の職員に対するもののほか、自分の得意とする仕事の領域をフランチャイズとして登録し、なるべくそれに近い仕事を行う部署の中で人事異動させるという全庁的な仕組みを構築するなど、いろいろな取り組みが始まっています。

ところで、ある自治体職員さんと雑談していたときに、「うちの役所には人事異動がらみの都市伝説があるんですよ」と彼。「都市伝説？　何ですかそれ」と尋ねると「いや、人事異動は希望申告制なんですけどね、希望を出した部署には絶対に異動させてもらえないんです」。彼に悪いなと思いつつ、これにはつい笑わずにいられませんでした。

③頑張って仕事しても成果が見えにくい

利潤の追求を目的としている民間企業。頑張った社員の仕事の成果は、売上げや利益などの成果指標を設けて目に見えるようにしやすいものですよね。

一方、自治体職員はどうでしょうか。彼らは「全体の奉仕者」。いかに地域住民に奉仕したかが成果となるわけですが、何をもって住民に奉仕できているかというのは実に測りにくいもの。それでも多くの自治体が目標管理制度や人事評価制度を取り入れて運用を頑張っていますが、そもそも利益追求を目的とした民間企業のフレームワークを自治体に持ってきてもなかなかうまく機能しません。かえって管理や評価のために記録や報告書を新たに作るなどの仕事が増えてしまって、ますます現場職員のモチベーションは下がるばかり。

そして職員さんにとってとても痛いのは「仕事を頑張らなくても給料が下がることはないだろう」とバッシングされてしまうこと。

確かにそういう見方もあります。ただ、地方自治体とお仕事をするのであれば、彼らをとりまく制度は「どんなに仕事を頑張って地域住民に喜ばれても給料は上がらない」という厳しい一面もあることをビジネスパートナーとしては覚えておきたいものです。

④ 本人には何の罪もない。なのに公務員バッシングの標的に!

地方自治体を取り巻く社会情勢も複雑化していますが、地域住民が暮らす雇用環境や生活環境も激変しています。人と人とのつながりが希薄になり、企業では厳しい成果を求められ、雇用も安定している地域ばかりとは決していえません。社会への不信や不満がつのる中、地方自治体職員の不祥事が相次いでマスコミで騒がれたりすると、その地方自治体の公務員全員が地域住民の不満のぶつけ先になってしまいます。

自治体のすべての部署は地域住民に基本的に開かれています。たとえば民間企業を訪問するときに、まず受付にアポイントがある旨を伝え、お約束した社員を呼び出してもらったりします。それ以上は社屋の中には入れませんよね。

一方自治体は原則的にどんな部署やフロアへも入って行くことができます。そのために、地域住民がある日突然仕事場に罵詈雑言を吐きながら怒鳴りこんでくるようなことがよく起こります。困ったことに追い返すことはできません。地域の納税者であればなおさらです。

机を叩きながら大声で何時間も怒鳴り続けるコワモテの男性の言い分に職員さんはとことん耳を傾け、足が震えるのを我慢しながら対応しなければなりません。

自治体もクレーム対応研修などに力を入れていますが、研修会場でロールプレイをいくらしても現場で苦情を言ってくる住民の迫力に対峙できるようになるにはかなりの場数を踏まなければムリというものです。

全体の奉仕者として宣誓し、地域住民のために献身的に仕事に取り組んでいる職員さん。

激しいクレームを受けることはあっても感謝されることはほとんどありません。

彼らのモチベーションはこうしたことからも盛り下がっています。

3 自治体と民間企業、知り合うには一緒に仕事するのが早道

民間企業と地方自治体の組織やそこで働く社員・職員との違い、いろいろとご紹介してきました。相互理解には程遠いのが現状ですが、やはりお互いのことをよく知るためには一緒に仕事をするのが一番の早道。民間企業がビジネスパートナーとして自治体と一緒に仕事をする中で、お互いの違いを楽しんだり新たな発見があったりすれば、日本の地方自治はもっともっと盛り上がるに違いありません。

4章

地方自治体とお仕事をしよう

地方自治体とお仕事をする。まずは何から手につけたらいいのかさっぱりだ、という方のためにまずはスタートラインに立つ予備知識をお伝えしておきましょう。

1 地方自治体に営業なんて行っていいの？ はい、いいんです。

まわりの人たちに「地方自治体もいろんな分野でお仕事出してるわよ」と話すと、必ずと言っていいほど返ってくるのが次の反応。

「え、役所に営業訪問とかするとなんか罰則とかあるんじゃない？」

「役所にアポイント電話入れるなんて、そんなこと考えついたこともないよ」

中にはヘタにセールスかけると逮捕されるんじゃないか、なんて方もいました。

いやいや大丈夫。罰則も逮捕もないですから。

要するに地方自治体とお仕事をしたことがない企業は、そもそも役所に営業かけていいのか？というところが一歩を踏み出す上で第一関門のようです。

もちろん、いいんです。営業しても。いやむしろ営業活動なしにはお仕事を受注することはできないと考えたほうがいいかもしれません。

その理由は、何回か触れてきた「地域住民が納めた税金を使う立場」「全体の奉仕者」という組織目的や職員の姿勢。

民間企業同士のお取引は、必ずしも客観的なプロセスに沿って決まるとは限りません。熱意のある爽やか営業マンを担当者が気に入ったから、担当者同士が個人的に共通の趣味で意気投合したから、たまたまホームページを見たらたまたま自社に適した製品やサービスを目にしたから、こうした理由で仕事がトントン拍子で決まることは珍しくありませんよね。

「全体の奉仕者」たる地方自治体の場合はそうはいきません。

たとえばあなたの会社が自治体のイベント開催について、その企画から運営管理まで当社にお任せ下さい、と企画を提案したとしましょう。提案書もわかりやすく、自社の得意とする点もバッチリ訴求できてます。あなたのプレゼンテーションも文句なし。相手自治体の課長以下その場に居合わせたすべての職員もうんうんと頷きながら提案を好意的に受け止めている様子。これはもういただきだね、とあなたは受注を確信します。

妥当な理由は何なのか

一方提案を受けた自治体側の胸の内はこうです。うんうんと表向きはニコニコ頷きながらも、頭の中では「この仕事をこの会社に発注する妥当な理由は何なのか」という点についてあれこれ考えを巡らせています。

他社が知らないようなイベント企画の先進的なプランが盛り込まれていたり、他社ができないような運営管理の手法だったりすれば別です。しかし多くの場合イベントの企画運営をあなたの会社と同じレベルで引き受けられる会社は世の中にそれこそ星の数ほどあります。そのたくさんある会社の中で「なぜあなたの会社を選んだのか」という公平な理由が、地域住民への説明責任を果たすためには必要不可欠なのです。

こうした組織の事情があるために、いくら担当課長があなたのプレゼンテーションの出来栄えに唸っていたとしても、全体の奉仕者である自治体としては課長の個人的な主観であなたの会社を発注先として決めるわけにはいきません。

では実際、他の会社でもできるような企画内容だったときにはその後どうなるのでしょうか。あなたの会社は、自治体で定めた公平なプロセスに沿って、同じようなことができる他の会社と競い、発注先として選ばれなければならないのです。

その選ばれるための活動こそが、地方自治体への営業活動にほかなりません。自治体に訪問営業をかけて事業を提案する。訪問しなくても、ホームページに掲載されている発注情報を見てできそうな仕事だったら入札やプロポーザル競技（企画、提案コンペ）に参加する。これらすべては営業活動であり、こうした活動があって初めて自治体の仕事を受注することができるのです。

2 仕事を引き受けた後に広がる新たな世界

このような性格をもつ地方自治体のお仕事。実際に受注したあとは民間企業との取引とどこが違うのでしょうか。

(1) 民間企業の仕事と違う、気をつけなければならない点とは

持ち出し注意、支払いは先

気をつけなければならないのは仕事の報酬が入金される期日。オフィス家具や文具、その他「モノ」を自治体に納めるような仕事は別として、調査をかけて結果を分析し、調査報告書をまとめたり、計画を立てて数ヶ月にわたる事業を進めたりする性格の仕事は、多くの場

合入金が年度末、すなわち3月31日。それまでにかかった様々な経費は受注企業の持ち出しとなります。それを見越して仕事を引き受けないとキャッシュ・フロー的に業務管理が大変です。これが一番の注意点でしょうか。

ただ最近は中小企業への受注拡大の取り組みのため、契約金額を年度の中で分割して支払ってくれる自治体も徐々に増えてきました。特に契約書に支払いの規程が明記されていない場合は、こちらから申し入れれば分割払いにしてくれることもあります。いずれにせよ自治体や部署によって対応はまちまちですので、仕事を引き受けた際によく確認するとよいでしょう。

(2) お仕事をするとこんないいことがある

一方、地方自治体からのお仕事を引き受けることにはこんな3つのメリットがあります。

① 自社の社会的信用が高まる

地方自治体のお仕事を直接引き受ける「いいこと」の筆頭は、なんといっても社会的信用。お役所と取引していることは、清く正しいまっとうな、そして経営基盤のしっかりした会社であることの証になります。

その信用の正体は「お役所と仕事をしているってことは何となくきちんとした会社ってていうイメージを持てるから」なのでしょうか。いえいえ、そんな曖昧なものではありません。

実は地方自治体が発注先を選ぶときには、必ず応募資格をはっきりさせて、それらを全部満たした企業しか会社選びのスタートラインにすら立てないようにしているのです。

応募資格の内容は、その自治体の地域の事情に応じた追加項目はあるものの、必ず入っている項目はほぼ同じ。簡単に言うとたとえばこんな感じです。

1　お仕事の参加資格者名簿に載っている会社であること。

2　参加資格停止処分になっていないこと。

3　地方自治法の次のきまりに当てはまらないこと。

（1）破産している者

（2）過去3年の間、次のような悪さをした者。

①わざといい加減な仕事をしたり、納める製品の数をごまかすというような不正を働いた。

②フェアな会社選びを妨げた、または自社の利益をあげるために他の会社と結託して悪だ

くみした
③他社が選ばれたときにその会社と役所との契約が成立するのを妨害した
④職員が仕事の出来栄えをチェックするのを邪魔した
⑤きちんとした理由がないのに仕事の契約内容を守らなかった
⑥上記の決まりにより仕事をする資格がない会社を業務に加わらせた
4　税金をきちんと収めていること。
5　仕事を確実に実行できるだけの財政基盤があること。
6　直近の決算書で債務超過になっていないこと。
7　暴力団に関わる会社として排除措置の対象となっていないこと。

ちょっと3つほど補足説明です。

1の「参加資格者名簿」とは、自治体がお仕事を発注する候補会社のリスト。地域には数え切れないほどたくさんの会社があります。仕事の募集をかけたときに応募してきた会社がどんな会社か、法人名や住所、資本金、連絡先、業種などの基礎的な会社情報をいちいち調べるのは誰が見ても効率悪すぎですね。

そこで自治体は随時、あるいは定期的に「うちの自治体の仕事を引き受ける意思のある会社はエントリーして下さいね」と呼びかけて、応じた会社から書類を出してもらって個別の会社情報をリスト化しておくのです。数少ない特殊な技術やノウハウを有している会社の場合を除いて、ほとんどの場合はこのリストに名前がないと会社選びに参加できません。

そして2の「参加資格停止処分」。自治体にウソの申告をしたり不正行為を働いたりしたかどでこのリストから外されてしまう処分を言います。民間で言うといわゆる出入り禁止というやつでしょうか。この処分には期間が定められていて、おおむね2年から3年程度。その反省期間が過ぎれば晴れて禊《みそぎ》明け。再び同じように発注先選びに参加できるようになります。たとえ悪さをしてもリベンジの機会がフェアに与えられているということも、地方自治体が全体の奉仕者であるが故なのですね。

さらに3（2）②。他社と結託した悪だくみとは、いわゆる「談合」のこと。その仕事に応募する会社同士で事前に話し合って、見積金額をわざと高い金額で落札できるようにすることなどが代表的な手口です。

たとえば5000万円の予算で、一番低い価格を示した会社に決める入札の仕事があったとします。鈴木建設・佐藤興産・田中エンジニアリングという3社（全て仮名）が応募しました。

損をしたくない、もとい、儲けを大きくしたい

3社間がフェアに競う場合なら自治体への提示額は3社まちまちなはずです。たとえば鈴木建設4900万円、佐藤興産4700万円、田中エンジニアリング4000万円で金額を出したとします。この場合田中エンジニアリングが落札し、5000万円の予算の仕事を4000万円で引き受けることになります。

でも田中エンジニアリングとしてはちょっと残念。フタを開けたら4699万円でも落札できたわけですから699万円分を損した感でいっぱいです。

こんな目にあって損をしたくない、もとい、儲けを大きくしたい田中エンジニアリング。そこでほかの2社に事前の話し合いを申し入れました。

「ねえねえ、鈴木さんと佐藤さん。うちの会社4900万円で金額出すから、今回は鈴木さんとこは4980万円、佐藤さんとこは4950万円にしてくれない？　そのかわり次の入札ではウチは高い金額にして鈴木さんか佐藤さんのとこで受注できるようにするからさあ」。で、鈴木建設は「いいよー。じゃあ次に同じような仕事が出たらウチが落札でいい？　そ

の次は佐藤さんとこっていう順番で」

「オッケー。じゃあ3番目はウチね」と佐藤興産。

かくしてその5000万円案件は、田中エンジニアリングが4900万円で落札することに。予算額5000万円ギリギリです。

この話し合いが非常によろしくないことだというのは、もう皆さんお分かりですよね。本来4000万円でできたはずの仕事が900万円余計に田中エンジニアリングの懐に入ってしまう。その900万円とはいうまでもなく地域住民から集められた税金。田中エンジニアリングはフェアな競争を妨げる話し合いを行って、その自治体に900万円の損害を与えたことになります。

だからどの自治体も談合には毅然とした姿勢で対応しているというわけなのです。

かくいう私も以前勤めていた会社で一度だけ、談合を強要する電話を受けたことがあります。「今回の案件はうちの会社が営業先行していたんですよー。応札価格についてちょっと相談したいんですけどね」。心臓毛むくじゃらの私でさえ少々ビビリました。でも次の瞬間にはキッパリ。「恐れ入りますが当社はそうしたお話し合いには一切応じておりません」。相手はかなりくどくど話を続け、しまいには憤慨して電話を切りました。いやいや油断も隙もあったもんじゃありません。巻き込まれて出入り禁止になるのはゴメンです。

「ちゃんとした会社」という証

さて、地方自治体はなぜこんな応募資格を設けるのでしょうか。

そうですね。たとえば反社会的勢力や暴力団に与する会社に間違えて仕事を出してしまったとしたらどうなるでしょう。「私たちが収めた税金を使って怪しげな会社に仕事を出して金儲けさせるとは一体どういうことだ！」と地域住民からわあわあ非難されることは火を見るより明らかです。

また、事業が終わる前にお仕事を引き受けた会社が年度の半ばに不渡りを2回出して倒産してしまったらどうでしょう。大慌てで会社選びをやりなおし、新たな会社が決まる頃にはかなりの時間がたっています。そこから事業を再開するとなると当然のことながら住民が求める満足な内容は期待できません。最悪の場合は事業中止に追い込まれます。「もともと経営がしっかりした会社を選ばないからこういうことになるんだ。住民のための事業が役所の落ち度でなくなってしまうとは何事だ！」とまたまた地域住民から厳しいお叱りが。もうこうなると大火事状態、火消しも大変です。

だからこそ、こうした応募資格をクリアして仕事を勝ち取ると「ちゃんとした会社」という証になるというわけなのです。

②一度仕事を受注すると同じような仕事が取りやすくなる

2番めの「いいこと」は、いったん仕事を引き受けた実績ができると、その後同じような内容の仕事を受注できる確率が格段に上がること。

たとえばお仕事の種類によっては応募資格の中に、「地方自治体から類似の業務を受託した実績があること」という項目が設けられていることがよくあります。1件でも実績があればエントリーできるお仕事の件数が増えるということです。

また、自治体の職場に直接訪問して営業をかけて事業を提案したりする場合、まず真っ先に尋ねられるのがこれ。「他都市からの受注実績があるかどうか」。

「他都市」というのは訪問先以外の地方自治体全般をさす言葉です。特に訪問先自治体のお隣さんや同じくらいの人口の自治体の実績があればしめたもの。担当職員さんも興味を持って話を聞いてくれるのでその先の営業活動が楽に進められます。

それからもうひとつ。特に企画提案書やプレゼンテーションの出来栄えで競うプロポーザル競技のお仕事では、評価基準の中に必ず「業務実績」の項目があります。まさに効果てきめん。実績を積めば積むほど業務実績の項目で高い評価点が獲得できるようになるのです。

あぶない橋は渡れない

このような自治体の実績重視主義、ともすれば前例踏襲で何も考えていないんじゃないかと社会から批判の的になることがあります。

見方を少し変えてみましょう。この実績重視も、税金を適切に使うことが目的の組織ならではの対応だとしたらどうでしょう。

たとえば自治体の職員研修業務を引き受けた経験がない研修会社に管理職研修のお仕事を発注したとします。

いざ研修が始まってみると、講義の内容は経営理念なんぞや、から始まって製品の売上や利益についてと、民間企業の顧客対応の事例ばかり。全体の奉仕者としてどのように政策を形成していくかなどの自治体管理職が必要としている話は全く出てきません。参加している課長さんたちもだんだん憮然とした表情に。これではせっかく住民の税金を使って行った研修費用がまさにムダ遣いになってしまいます。

住民から預かっている税金をこうした間違いでムダにしないためには、自治体の仕事の経験があって自治体組織をよく理解している企業に仕事を出すのが最も安全で確実な方法となります。

もちろん実績が全てではありませんが、発注先企業にある程度の実績を求めることは地域住民のための対応でもあることは理解しておきたいものです。

③　絶対に未回収がない

3つめの「いいこと」には、あえて「絶対に」という枕詞をつけちゃいました。そうです。地方自治体とお仕事の契約をひとたび交わしたら、こちらが犯罪レベルの不祥事でも起こして契約解除にでもならない限り、対価が支払われないというようなことは絶対にありません。

特に中小企業にとって、お取引先様がちゃんとお金を払ってくれるのかどうかは死活問題。お取引先様からの支払期日が少しでも送れると胃が痛くなったり夜眠れなくなったりする中小企業の社長さん、気が休まる間もありません。

地方自治体とのお仕事ではこうした不安や心配は一切無用。思う存分自社の能力や技術の腕前を発揮してお仕事に集中することができます。

3　地方自治体のお仕事を引き受けることの醍醐味とは

お金をもらって人助け

お仕事をする上での予備知識をあれこれご紹介してきましたが、地方自治体のお仕事を引き受けることには、具体的なメリットを超越したところに何物にも代えがたい魅力があります。それは「お金をもらって人助けができる」ということ。

地方自治体のお仕事は地域住民のための税金を元手として出されるもの。幅広い分野で発注されるお仕事のどれもが直接的・間接的に地域の人々の暮らしを助けることを最終目的としています。それこそ一件の例外もなく。この世知辛い世の中、人助けがお金になって対価が確実に支払われるビジネスなどそうそうありません。

言い換えれば皆さんが地方自治体に営業してお仕事を引き受けることとは、その地域の人々を幸せにする活動に企業として参加することに他ならないのです。まだ地方自治体とお仕事をしたことがない方には、他で経験したことがないやりがいがきっと見いだせるはず。お役所に営業なんてとちょっと抵抗のある方にこそ、地方自治体とのお仕事、どんどん積極的に挑戦していただきたいものです。

5章

徹底攻略! お仕事の受注に欠かせない「予算」の基礎知識

営業活動にはとかくお金の計算がつきもの

お金の計算というと旅費交通費の精算が真っ先に思い浮かぶ方。「経費精算まだですか？」と目を釣り上げた経理担当の方にいつもせっつかれていませんか。溜めこまないようにしましょうね。ともあれ営業担当者としてお金まわりの売上目標、利益率、損益分岐点などを理解できていることは基本中の基本。でもそれプラス自社やお客様企業の貸借対照表、損益計算書、キャッシュフロー計算書などの決算書類の数字を読めたとしたらどうでしょう。戦略的に営業活動を進めることができ、あなたがトップ営業担当者として君臨できる日はそう遠くないはず。旅費交通費の精算が少しばかり遅れても「あ、経費精算はお時間のあるときでいいですよー」とにっこり笑顔で大目に見てもらえることうけあいです。

自治体営業も一緒。自治体が発注するお仕事のお金にまつわる手続きや数字の見方を知っていると、戦略も立てやすいですし、計画的に営業活動を進めることができます。

そんなわけで、気になるお仕事の対価、「予算」のお話です。

1 とっつきにくいことこの上なし。地方自治体の「予算」って何？

皆さんが引き受けるお仕事の報酬は住民や地元企業が収めた税金が元手となっています。ですから発注者側の自治体はたくさんあるお仕事1件1件について「どんな内容のお仕事でお金はどれくらいかかるのか」を決めて、地域の方々にお伺いを立て、「いいよー」とオッケーを貰わなければ民間企業にお仕事を出せません。

さらっと言ってしまいましたが、「このオッケーをもらうこと」がなかなかどうして手続きが面倒です。何度も触れてきましたが、地域住民のニーズや地域の課題、ニーズとしてはっきり声が上がっていなくても社会に今後必要とされることはどんどん増えるばかり。一方自治体の財政は少子高齢化や人口減少の影響でじわじわ減るばかり。全てに対応するにはとてもとてもお金が足りません。

そこで、本当に必要なお仕事なのかどうか、自治体内部で細かくチェックしてお仕事の件数を絞り込むわけです。それで残ったお仕事の合計金額が確定しますよね。それをもって地域の方々にお伺いを立てるわけです。

でも何万人もいる地域の人達全員の住まいを自治体職員が一軒一軒「あの、来年度のお金の使い道はこんな感じでよろしいでしょうか？」と訪ね歩くのは何かの冗談のようなお話。そんなわけで、地域の人達の代表として選ばれた地方議員さんが集う「議会」でお伺いを立

民間企業と地方自治体の予算の違いを比較

項目	民間企業	地方自治体
予算とは	●経営の目標を達成するための経費見積であり、一定期間の目標値 ●会計的には予算よりも決算を重視	●政策や事業を貨幣価値で数値化したもの ●議会で議決される ●地域課題の解決や住民ニーズを満たすために投入される
予算のコントロール	●過不足があれば経営に影響を及ぼすために活動実績に合わせて機動的に増減する	●予算金額の範囲内で使われるのが原則
コントロール主体	●株主、顧客	●議会
評価対象	●製品やサービスの売上高、利益などの企業活動そのもの	●事業実績

て、「いいよー」という承認を得るという手続きがあるのです。

この一連の手続き、当然のことながら時間がかかります。ですからこの「お仕事にかかるお金を決める」という段取りは、自治体がお仕事を発注する年の前の年度に行われます。こうして決められたお仕事にかかるお金を「予算《よさん》」といい、お仕事の予算を決めることを「事業の予算化」などと言ったりします。

民間企業でも「予算」は当然ありますよね。同じ「予算」という言葉でも、その性格の違いから皆さんは戸惑うこともあるかもしれません。

こうした民間企業と地方自治体の予算の違いを比較するとだいたい上の表の感じになります。

民間企業は「お金を稼ぐ」、自治体は「お金を使う」。予算という切り口からもこの大きな違いがなんとなく見えてきませんか。

2 大公開！ 自治体予算の7原則

ところで、「予算を決めるのにそんなに時間がかかるんなら、年度のはじめにサクサク決めちゃえばいいのに。自治体は仕事が遅い！」と感じた方。実はこれ、法律で決められたルールだということをご存知でしょうか。地方自治法211条の1ってやつが張本人です。

原文はこんな感じ。

「普通地方公共団体の長は、毎年度予算を調整し、年度開始前に、議会の議決を受けなければならない。」

これじゃあ手も足も出ませんよね。

予算については、そのほかにも地方自治法で原理原則というべきルールが7つ決められています。その名も「予算の7原則」。あくまでも原則ですから多少の例外はありますが、おおむねこの原則にそって予算は組み立てられたり使われたりします。民間企業の感覚ではちょっとぴんとこない自治体予算の不可思議な決まりごとは、たいていこの7原則が元ネタになっているいると考えてよいでしょう。その7原則とはこんな内容です。

簡単に内容を見てみましょう。

まず原則1。民間企業で収入にあたるのが「歳入《さいにゅう》」と呼ばれるもの。要はお金の出どころで、もっぱら税収でまかなわれています。一方「歳出《さいしゅつ》」とはお金の使い道です。

原則2。自治体の予算は1年間きっかりに区切られますよという原則。年間の税収がどのくらいあって、1年間でどう使っていくのかという組み方をします。

原則3。年度が変わっても、そして複数の自治体を比較しても住民誰もがわかるように、予算はどの自治体でも共通の様式にそって作るという原則です。

もちろん自治体側も、共通様式でまとめただけで地域住民全員が予算書のナマ文章をすら読んで理解できるなんてありえないということはわかっています。

そこで作られるのが「予算に関する説明書」。予算を議会に提出するときに、予算の内容をより詳しく説明した文章を合わせて提出する決まりになっているのです。これも地方自治法で決められているルールです。

ところがこの説明書という代物、予算書の細かい内訳に「○○に関する調書」などというタイトルがつけられ、お役所文章や数字がだーっと続くのが実に痛い。自治体側にとっては

自治体予算の７原則

原則	だいたいの内容	備考
【原則1】 総計予算主義の原則 （地方自治法第210条など）	一会計年度における一切の収入と支出は、すべて歳入歳出予算に計上しなければなりません	
【原則2】 単一予算主義の原則 （地方自治法第209条など）	一切の収入と支出を一つの予算にまとめ、予算を組むのは一会計年度に1回としなければなりません	特別会計、補正予算は例外
【原則3】 予算統一の原則 （地方自治法第216条など）	予算を誰にでもわかりやすいものとするために、歳入と歳出の分類を調整して、一定の秩序を持たせなければなりません。また、予算の様式は、地方自治法施行令で定める様式を基準にしなければなりません	
【原則4】 予算事前議決の原則 （地方自治法第211条など）	予算は年度開始前に議会の議決を受けなければならず、この議決がなければ使うことができません。このため、首長は会計年度ごとに予算を組んで、遅くとも年度開始前、都道府県及び政令指定都市（人口50万人以上の市）は30日前、その他の市町村は20日前までに議会に提出しなければなりません	
【原則5】 会計年度独立の原則 （地方自治法第208条など）	各会計年度における歳出は、その年度の歳入をもって充てなければなりません。会計年度終了後は予算を使うことができないし、補正などの予算の追加も認められません	
【原則6】 予算単年度主義の原則 （地方自治法第211条など）	予算は会計年度ごとに組んで、次の会計年度以降の予算にひびかせてはなりません	
【原則7】 予算公開の原則 （地方自治法第219条など）	議会で予算が確定したら、地域住民に公表しなければなりません。また、条例のルールに従って年2回以上財政に関する情報を住民に情報公開しなければなりません。さらに都道府県知事は総務大臣、市町村長の場合は都道府県知事に確定した予算を報告しなければなりません	

地方自治法に基づきちゃんと説明していますよ、ということなのでしょうが、そもそも説明とは手段であって、住民が内容を理解できることがゴールですよね。説明したことでますますわかりにくくなってどーする！　びし！　と、ついツッコミ入れたくなります。

地域住民が理解しやすい説明書を何とか作れないものか。平成7年、全国に先駆けてこの課題に真っ向から挑んだのが北海道のニセコ町です。ニセコ町が年度内にどのような事業を行うのか、それらの事業にどのくらいお金がかかるのか、詳しい事業の内容とともに「もっと知りたいことしの仕事」というタイトルの予算説明書をつくって町内の全世帯に配ったのです。このわかりやすい予算説明書への取り組みは注目を集め、その後全国に広まりました。平成26年度現在でも、ニセコ町の「もっと知りたいことしの仕事」は健在。平成26年度版を覗いてみると、写真が使われていたり、文字が大きくフォントやレイアウトにも見やすくする工夫があって、リビングルームでごろごろしつつ通販番組を見ながら斜め読みしても内容が理解できる優れものです。内容的には「エキノコックス（キタキツネから人間にうつる寄生虫）駆除」なんて事業があるのが北海道らしかったりします。

原則4に話を戻しましょう。前年度に議決を受けるということこの原則、先に触れたとおりです。原則5。お金を使う時は、その年度に入ってくるお金から使いましょうという意味。前年度の余ったお金からやりくりするのはいけませんよ、という原則で、民間企業とは全く違いますよね。これは次の原則6にも深く関わっています。

原則6は、年度の予算は年度内で使い切り、次の年度に持ち越してはいけませんというもの。自治体予算で最も一般に知られているこの原則、「余った予算を消化するために必要のない事業を行って税金をムダ遣いしているのではないか」という社会からの批判のもとになっています。

税金とは本来使うために納めたもの。そもそも「予算が余る」ようなことがあった場合、それは自治体側が住民のための効果的な事業を全体最適で計画する力がなかったということに他なりません。自治体の力量が問われる原則でもありますね。

最後は原則7。予算の情報開示は先に触れたニセコ町のような動きもあったことで、随分わかりやすい方法で開示されるようになりました。やはりインターネットの普及などＩＣＴが社会インフラとして主権を握ってきたのが大きいようです。皆さんのお住まいの自治体予算、わかりやすさはいかがでしょうか。一度地域の自治体のホームページを覗いてみてくださいね。

こうした法律に基づく原則で縛られている自治体予算、民間企業から見ると融通がきかないことこの上なしです。ただその背景には「住民から毎年収めてもらう税金は地域を良くするために使うもの。年度ごとの使い方の原則をちゃんと決めて、1円もあますところなく地域全体のために役立てよう」という基本の考えがあります。だからこそ、こうした法律や原則が必要となってくるのだと、多くの人が知れば、この融通の効かなさも少しは理解が進むのではないでしょうか。

3 こんな段取りで決まる、自治体予算

7つの原則でがんじがらめの自治体予算。

地域住民の代表にお伺いを立ててやっと決まる自治体予算。

民間企業のように社長のトップダウンでさくさく決まることがない自治体予算。

一般社会から見て予算の決まり方をややこしくしているのは、こうしたことだけではありません。

どうせならもうひと押し、このややこしさの正体に迫ってみましょう。

(1) 自治体の予算、鍵をにぎる部署はどこか

さて、ここで自治体のお金がらみのちょっとしたクイズです。地方自治体の中で、次のことを行える部署や組織はそれぞれどこでしょう。

A　お財布の中に入るお金の額面を決める
B　お財布の中のお金を使う
C　お財布のヒモを握っている

Aはもうお分かりですね。自治体が予算のお伺いを立て、内容を審議し「いいよー」と金額を決めるのは「議会」でした。

Bもイメージしやすいと思います。実際に地域住民のための事業を計画し、認められた予算を使って事業を行う様々な分野の部署。ここでは「事業部門」としましょう。

ではCはいかがでしょうか。実は自治体の予算が決まるための鍵は、このCの部署が握っているのです。

この第3の部署、事業部門が上げた予算が議会に上げられる前に敢然と立ちふさがります。本当に地域住民に役立つのか、金額は適切か。こうした客観的な立場で予算の内容を厳しくチェックします。その結果似たような事業が他の部署から上がっていたり、期待される効果があいまいだったり、必要性がはっきり見えないような場合、祈るような気持ちでチェックの結果を待つ事業部門を情け容赦なくバッサリ。「この予算の計上は認めません」と恐るべきダメ出しを行います。

「今度のボーナスでカメラレンズ買いたいんだけど」「え？ 何よそれ。カメラレンズなんてうちの家計の将来に何か役に立つの？ 子どもの教育費だってこれからもっとかかるし、消費税も上がって家計厳しいのに」「だって去年も好きなもの買わないでガマンしたよ」「去年は去年、今年は今年。認めません」。お財布のヒモをがっしり握っている奥様と、こんなやりとりをした経験のある方。ダメ出しされて顔にタテセン入る事業部門担当職員さんと見つめ合うと、そのやるせない気持ちを涙目で分かち合えると思います。

毎年事業部門担当職員の顔にタテセンを入れまくっている、お財布のヒモを握る部署。その名も「財政部門」。自治体の中では財政課や財務課などと呼ばれる部署がその役割を担います。

お金まわりの権限が３つの部署や組織にわかれていること。これも予算が決まるプロセスをややこしくしている正体のひとつといえるでしょう。

(2) 自治体の予算はこんな段取りで決まる

このように自治体の予算とは、事業部門が次年度のお仕事の予算を上げ、財政部門がチェックし、そのチェックをかいくぐった事業が合計されて最終的に議会にかけられ決まる。「上げる」「絞る」「決める」という3つの山場をクリアして決まります。

この予算が決まっていく段取り、4月から翌年3月までの間にどんなタイミングで進められるのでしょうか。自治体によって1ヶ月前後のずれはありますが、年度のカレンダーに落としこむとだいたいこんな感じになります。

まずは4月から8月くらいにかけて。財政部門が来年度の財政の見通しを税収の予測などからとりまとめ、9月をめどに自治体トップの首長に報告します。

首長はそれを受け、財政部門と協議しながら地域の状況や地域住民に約束した自らの政策なども考えに入れつつ「来年度の予算は子育て支援分野と産業を盛り上げる事業に手厚い予算をつけよう」など、予算組みの基本的な考え方とおおまかな予算の枠組みを示します。厳しい財政の中、首長としてもどの分野にも満遍なくふんだんに予算をつけるわけにはいかないのが辛いところ。そこで予算をつける分野にも優先順位や濃淡をつけて、限ら

自治体の年度カレンダー

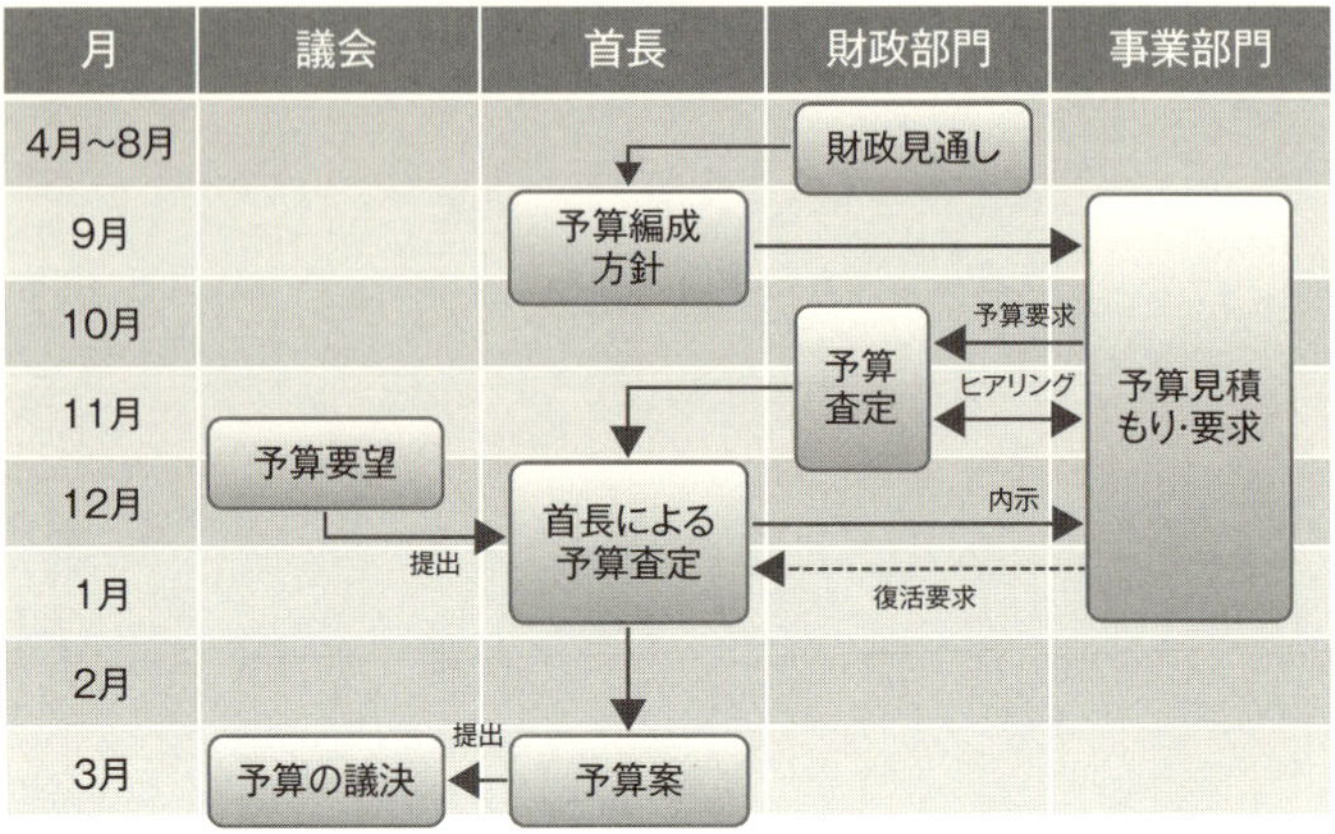

れた財源の中で何とか住民満足の最適化を図ろうというわけです。この方向性を示した文書は「予算編成方針《よさんへんせいほうしん》」と呼ばれ、今では自治体内部だけではなく、一般住民にもホームページなどで公開されています。

予算編成方針があきらかになったら、いよいよ事業部門の出番。この予算編成方針の内容を参考にし「次年度にはこんなお仕事にこれだけお金がかかりますよ」という事業の内容と一緒に、予算の見積もりをまとめ、財政部門に資料を提出します。これが「予算要求《よさんようきゅう》」といわれるものです。

先に上げた例では子育て支援や産業振興に手厚い予算がつく見通しですよね。こんなときは子育て支援課や産業振興課にとっては大きなチャンス。職員さんの目の色が変わります。以前から地域住民からの要望が強かったにもかかわらず、予算がつかなくてできなかった事業や、最新の社会情勢に応える革新的な事業を積極的に予算要求していきます。

一方それ以外の部署は、昨年までやってきた事業が通らなかったり減額されたらえらいことです。前年度の予算規模は少なくとも確保したい。現状維持を死守すべく、削れるところは削って確実に予算化できる事業をメインに予算要求します。

こうして事業部門から出された予算要求を、腕まくりし、手ぐすね引いて待っているのが財政部門。図で「予算査定」とあるこのステップで、予算編成方針に従って、おもに次の10項目の視点から徹底的にチェックされることになります。

①その事業はそもそも自治体がやるべき仕事なのか？
②予算編成方針、首長のマニフェスト、行政運営の全体計画などに沿っているか？
③住民や議会からの要望はどのようなものか？
④既存の事業とダブっていないか？
⑤既存の事業と相反するところはないか？
⑥職員の人数や仕事の負担を増やすものではないか？

⑦特定財源（国や県からの補助金など）がつく見通しはどうか？
⑧受益者負担（特定のサービスを受ける住民に、そのメリットに応じたコスト負担を求める考え方）の程度は適正か？
⑨収益事業である場合は採算はとれるのか？
⑩事業を実施する際にムリやムダはないか？

この財政部門のチェックをクリアした事業が首長に報告され、首長の最終チェックを経て「予算案」がまとまります。

この予算案が議会にかけられ、承認されて初めて次年度の予算が決まる。こんな紆余曲折を経て自治体の予算は組まれます。

(3) 事業部門にとって一番の山場、財政部門からの「ヒアリング」

みなさんのお仕事を発注する直接の部署、事業部門。事業部門の予算要求担当者にとって一番の大仕事というべき局面がこの年間カレンダーの中にあります。

それは「予算見積もり・要求」と「予算査定」の間にある矢印「ヒアリング」というところ。

財政部門の予算査定担当者としては、事業部門から上がってきた予算を、さすがに何の説明もなしに時代劇よろしくバッサバッサ切り捨て御免、というわけはいきません。彼等は予算査定のプロではありますが、激変する現場の状況に根ざした事業の必要性について判断がつかないことも。そこで事業部門の予算編成担当者に対して、いわゆる「事情徴収」のようなものを行います。それが「ヒアリング」と呼ばれるものです。

このヒアリング、建前は「一定の情報・資料に基づき、事業の優先度を決める、予算要求側と予算を査定する側とで行う共同作業ですよ」ということになっていますが、リアル査定はそんなもんじゃありません。まさに予算査定担当者と予算要求担当者との間で繰り広げられる、お互いの仕事の誇りを賭けたガチンコバトル。特に予算要求担当者にとっては、この担当者間のヒアリングを是が非でも通さなければならない理由があります。それはヒアリングが予算査定プロセスの最初の段階で行われ、ここを逃すと、その後、事業の必要性について訴える機会が一切設けられていないからなのです。

そんなわけで、予算要求担当者にとってはヒアリングを受けるというよりは、事業の命運を分けるプレゼンテーションの場。さきにご紹介した10のチェックポイントについて、予算査定側から厳しく追求される事業の意義。受けて立つ予算要求担当者は、地域住民のためという立場から、客観的な数値データや、その事業の根拠となる社会動向資料なども手元に揃えて、事業の必要性を訴えます。

予算要求担当者が対峙する相手は多くの場合財政部門ですが、行財政改革に熱心な自治体の中には首長に対するプレゼンテーションを設けている場合もあります。こうした自治体の首長さん、全事業の予算要求資料を隅から隅まで目を通し、鋭い質問を投げかけます。相対する予算要求担当者も相応に腹をくくって臨まなければなりません。

こうした予算査定プレゼンテーション、一般市民としては一度は見てみたいところ。でもこればかりは一部の例外を除き一般市民には非開示です。

その例外的なことを実行しているのが大阪市。市公式ホームページにある平成24年度の予算編成過程の公開資料の中に市長ヒアリングの議事録があるのです。

見ると、橋下市長の指摘のそれはそれは厳しいこと。特に具体的な事業の目標値や対費用効果について、数字から、さらに一般社会の市場原理の観点から鋭く攻めています。対応しているのが予算要求担当者クラスではなくもっと上、各事業部門の長たる部局長や理事、室長の名前がズラリ。民間企業でいうと事業部長や執行役員クラスでしょうか。市長と行政各部門トップの、リアルでスリリングな攻防を目の当たりにすることができます。
首長であろうが財政部門であろうが、出した予算を納得させ、首をタテに振らせることができるか否か。それは予算要求担当者のプレゼンテーション力にかかっているのです。

こうして無事財政部門の査定をクリアした予算が議会にかけられ、晴れて次年度のお仕事の「元手」となるわけです。そして予算は、どの自治体も議会からオッケーをもらった後、必ず一本の資料にまとめて公表されます。この資料は「予算書《よさんしょ》」と呼ばれ、その細かい使い道を示した「予算に関する説明書」と一緒に、多くの自治体が公式ホームページにアップしています。ホームページにない場合でも、自治体には地域への情報開示のため様々な資料が閲覧できる資料室が必ずあって、そこで見ることができます。自治体とお仕事をする時の準備は、まずはこの予算書を確認するところがスタートになります。ぜひ一度見てみて下さいね。

6章

お仕事はこうして獲得しよう

地方自治体にビジネス・パートナーとして選ばれるための営業活動。実務的にはどう動いたらいいのでしょうか。

1 お仕事を受注するにはタイミングがある

自治体のお仕事が予算に計上されて実際に発注されるまでには足掛け2年、つまり予算化される前年度（上流の工程）と、お仕事が発注される次年度（下流の工程）というプロセスがあることはもうお分かりいただけたかと思います。

それでは前年度と次年度、どの段階からアプローチすればお仕事をゲットしやすいのでしょうか。

アプローチのタイミングを左右するのは2つの要素。ズバリ「自社の製品・サービスの独自性や新規性」と「実績」です。厳密には自治体の政策の方向性、また企業側の経営環境などによって一概には言えませんが、整理するとこんな感じになります。

ここでいう「受注実績」についてちょっと補足。「自治体からお仕事もらったことなんてないよ」とボヤく方に耳寄りなお話をしましょう。

4つのエリア

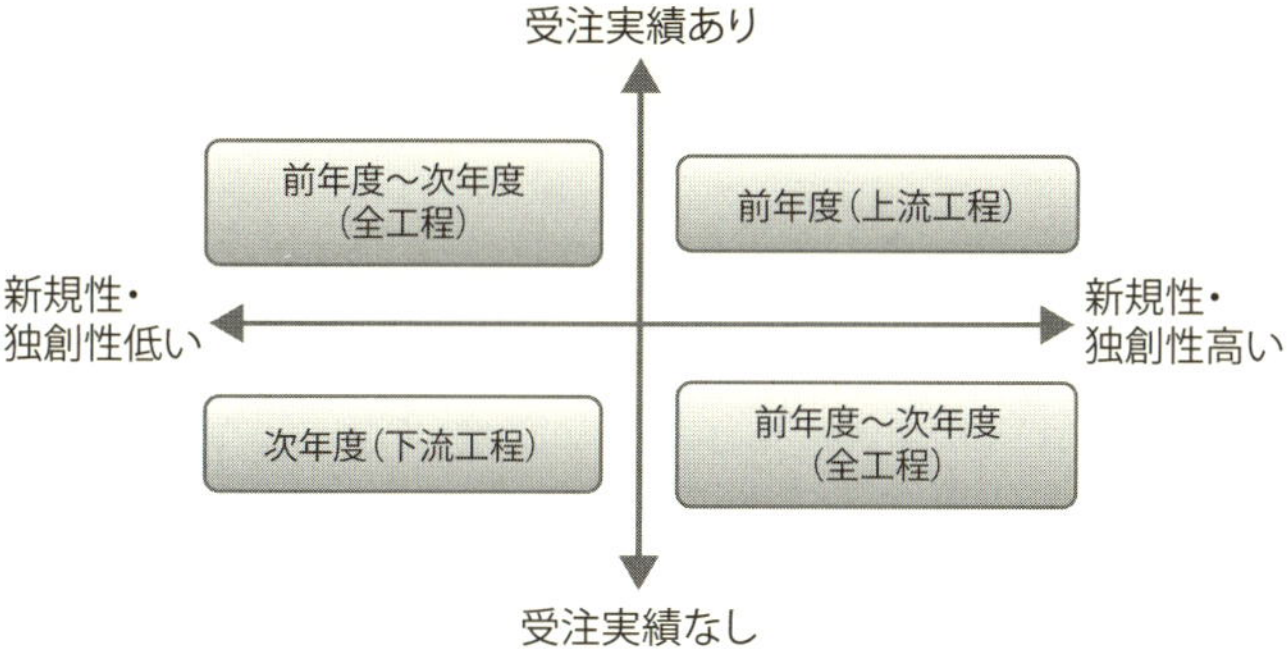

もちろん地方自治体からのお仕事の実績アリだったら言うことなし！　ですよ。でも、地方自治体からの受注実績がなくても、独立行政法人や一般社団法人などの公益性が高い法人からのお仕事実績や、大きな組織、つまり社会的信用がある大企業とのお取引実績って、地方自治体は結構好きだったりするのです。こんなところも知っておいていただいた上で、図の４つのエリアについてご説明しますね。

右上会社（受注実績あり×新規性・独創性高い）は、上流から絡む

このエリアに当てはまるのは他社にできないことができる企業。そして地方自治体が重視する自治体のお仕事を引き受けた実績も兼ね備えています。

となると、やはり挑戦をおすすめしたいのは事業の予算化から絡んでいく上流工程からのアプローチ。

多くの自治体はグローバル化がますます進む社会情勢に合った、また多様化する住民ニーズに応える新たな事業を計画したいと考えています。でも自治体職員にとってはまさに未知の領域。いろいろ情報は集めるものの、住民のための事業としてどう組み立てたらいいんだろうと、悩みは深く、眠りは浅くなるばかり。

さあ、ここで新たな製品やサービスを使った事業プランを引っさげ、あなたがじゃじゃーんと登場するとどうなるでしょう。「これですよ、これ。これが求めていたプラン。実績も申し分ないじゃありませんか！」。こうなったらもう自治体職員にとっては御社は神ですよね、神。あなたの会社がベンチャー企業ならなおベスト。ベンチャー優遇を掲げている自治体であれば、自社の製品やサービスを活用した事業を予算に上げるための段取りを、職員といい関係を築きながら進めていくことができるでしょう。


右下会社（受注実績なし×新規性・独創性高い）は、下流工程のお仕事をチェック

このエリアの企業、独自の製品やサービスはアピールできますよね。でも実績がないのがちょっと痛いところ。新たな事業の予算化をねらって上流工程からアプローチするのももちろんオッケーです。ただ、実績がありませんとどうもねえ、と自治体職員からチクチク言われてイヤな思いをしたくないときはスパッと諦め、まずは実績づくりから。下流工程で発注されるお仕事をチェックし、独自性を訴求して取っていけそうなお仕事を狙っていきましょう。

左上会社（受注実績あり×新規性・独創性低い）は、どちらからも絡める

受注実績はあるものの、他社でもできる製品やサービスを提供している、つまりライバルが多いのがあなたの会社。勝率は別として毎年継続して自治体が出しているお仕事を上流・下流どちらからも狙っていくことができます。上流工程からアプローチする、つまり予算から絡みたいときは、営業活動でいかに他社を出し抜くかがポイント。下流工程からのアプローチでは、自治体の発注先選びの際に実績があることをいかに訴えて他社を制するかがポイントになります。

左下会社（受注実績なし×新規性・独創性低い）は、小さい仕事でも実績作りから

さて、このエリア。おそらく最も多くの方々が当てはまるのではないでしょうか。自治体とのお仕事なんてやったことはおろか、あることすら知らなかった。それに同じことができる同業者は地元にたくさん。世間をあっと驚かす技術やサービスがあるでもなし。さあどうする？　こんな会社は何はさておき実績作りがポイント。下流工程でお仕事を出す企業選びのところから挑戦し、規模の小さいお仕事でも、そしてたった1件からでも実績づくりをねらいましょう。

4つのエリア、あなたの会社はどこにあてはまりますか。ちなみに下流工程と上流工程、自治体のお仕事未経験者にとってどちらが取り組みやすいか。下流工程は自治体から示された企業選びのルールに沿って進めればよいのに対して、上流工程はクライアントとなる自治体各部署のニーズを見極めながら臨機応変に営業活動を進める必要があります。自治体お仕事ビギナーにとってはどうやら下流工程からのほうがとっつきやすそうですね。

でも、そもそも自治体にアポイント電話なんて入れたこともないし、ましてや実際に足を運ぶなんて門前払いにならないかな？　ついそんなことを考えてしまう自治体お仕事ビギナーの方々向けに、お仕事ゲットの進め方を入門編、下流工程編、上流工程編と3つに分けて、基礎知識や外せないポイントも含めて大公開しちゃいます。

2　入門編「心得から基礎知識まで」

(1) まずはここ、「心得」から

あまりにもベタな展開ですみません。何でもまずは心構えってありますよね。自治体営業でここだけは絶対にわかっておいてね、という3つの「心得」からです。

心得1　すぐに売上げが上がるという考えは大間違いである

先日官公庁営業のセミナー講師を務めたときのこと。最前列に座って熱心に話を聞いてくださっている20代後半くらいの営業マンがいました。私が講義の合間に入れるくだらないボケやツッコミまでメモっているのでは？　と思うくらい厳しい顔で必死にペンを走らせています。

今日の内容で何かお役に立つことはありましたか、と講義が終わった後で尋ねたところ「とにかく上司に聞かせたいです」と彼。「この4月から自治体営業の担当になったんですが、今すぐ売上を上げろ！　と怒られてばかりなんです」。なるほど、これは彼の上司にぜひ今日の講義をお聞かせしたかった。

みなさんにはもうお分かりかと思います。自治体のお仕事、今年度受注して売上が立っても入金は年度末、つまり翌年3月になることが少なくありません。ましてや自社の製品やサービスを使った自治体の事業を確実に予算化したいのであれば、前年度からのアプローチが必要ですよね。今年度にそのための活動をして予算化できても、お仕事の発注があるのは翌年です。そして見事受注できても、対価が支払われるのは年度末、つまり翌々年の3月になることも。どうやら彼の上司は、そのあたりの民間企業との違いを理解されていないようですね。

というわけで心得その1。「すぐに売上げはあがらないものと心得よ！」です。

心得2　製品やサービスの売り込みは蛇蝎《だかつ》のごとく嫌われる

お目当ての自治体と最初のアポイントに臨んだあなた。会社案内や製品パンフレット一式を手に、笑顔で自社製品の良さや特徴を職員さんにお話しました。職員さんは最後まで耳を傾け、「ありがとうございました。このパンフレットはいただいてよろしいでしょうか。何かありましたらご連絡します」。そして待てど暮らせど連絡は来ず、パンフレットはファイリングされて書棚の中。書棚の中ならまだマシです。職場の隅に平積みされて、上にどんどん別の資料が積まれ、年末の大掃除のときにヒモで束ねて古紙として職場からはい、さようなら。

そりゃあんまりじゃないか、と思いますか。実は自治体はあなたの会社の製品やサービスの特徴そのものには興味がないのです。ないどころか、立て板に水のように一方的に説明するだけの営業ははっきり言って大嫌い。その製品やサービスが地域住民の暮らしやすさや地域課題の解決にどのように役立つのかという点だけが彼らを動かすのです。

はい、心得その2。「蛇蝎の如く嫌われたいなら、売り込みトークをじゃんじゃんすべし」。自虐的で逆説的な心得でごめんなさい。こんな書き方をすると蛇蝎、つまり、ヘビやサソリみたいに嫌われちゃいますね。

心得3　自治体メリットではなく、地元住民・地元企業メリットで

「地元住民、地元企業のため」。これが自治体にとってはキラーワード。そもそも組織の存在目的が地域住民のためがキホンですから、ここのスタンスが自治体からお仕事を出す企業も同じであることはとても重要なポイントです。民間企業での営業活動でいうと「営業先企業のお客さまのメリット」を考えることと同じです。自治体のメリットとはすなわち地域住民や地元企業のメリットで、営業活動の一番根っこにこの考え方をどんと据えてブレずに働きかけること。心得3は、「地域住民・地元企業を幸せにするために営業すべし」です。

(2) スタートラインに立とう。事業者登録

自治体のお仕事をしたい企業は、まず最初に何をしなければならなかったでしょうか。そう、「お仕事を引き受ける意思がありますよ」と必要書類を揃えてエントリーして、お仕事への参加資格者名簿に載せてもらうことでした。なにはさておきここをクリアしないとスタートラインにすら立てません。これが「事業者登録《じぎょうしゃとうろく》」とか「入札参加資格申請《にゅうさつさんかしかくしんせい》」などと呼ばれる手続きです。

この手続の方法、自治体によってまちまちです。インターネットから手続きできるところもあれば、書類を提出したり持参したりしなければ受け付けてくれないところも。提出しなければならない書類も微妙に違ったりします。自治体ごとに決められた手続きに沿ってコツコツ地道に対応するしかありません。正直ちょっと面倒。いつか全国の自治体で手続きが統一されるといいなと思います。

さてこの事業者登録手続きの進め方について。ポイントは3つあります。

① 手続き情報の探し方がこれ

1つめのポイントは情報の探し方。

事業者登録手続き情報は、どの自治体も公式ウェブサイトにアップしています。まずはお目当ての自治体にアクセスしてみましょう。

自治体公式ウェブサイトのトップページには特徴があります。それは地域住民目線で構成されているということ。引っ越しや結婚などの届け出や住民向けイベントの案内などの情報がひしめき合っています。「どこに載っているんだろう」と戸惑う方も多いかもしれません。

ここで探していただきたいキーワードがこれ。「入札《にゅうさつ》・契約《けいやく》」。なぜか決まって隅っこの目立たないところにあるんですよ、これが。ここをクリックすると入札の手続きや事業者登録申請手続きなどの情報が載っているページにアクセスできます。

もしトップページにこのキーワードがないときは「事業者向け情報」という言葉を探してクリックしましょう。自治体によっては情報を市民向け、事業者向けとに分けて発信しているからです。

それでも見つからない場合は「サイト内検索」の機能を使って、直接「入札・契約」をキーワード検索してみましょう。

②用語に惑わされない

「入札・契約」のページにアクセスできましたか。

お仕事の分野ごとに登録の窓口がわかれていますよね。お仕事分野数や用語は自治体によってまちまちですが、その中から自社のお仕事に該当する分野をクリックすれば詳しい手続きを説明したページにアクセスできます。

さて2つめのポイントは、自治体ならではの用語に惑わされないで下さいね、ということ。ちょっと一般ピープルには意味が分かりにくいお仕事分野の用語、主なものを簡単にご説明しておきましょう。

おそらく皆さんが戸惑うのは「建設工事」「設計」「測量」などの建設・土木色が強い用語ではないでしょうか。

自分の会社にあてはまる分野がぱっと見、ぜんぜん見当たらない！　ここで早くも途方に暮れてしまった方。大丈夫、ご説明します。

もともと自治体のお仕事は、道路を造ったり河川整備をしたり建物を建てたりなど社会インフラの整備が中心でした。そうしたお仕事を引き受けるのは当然のことながら土木工事や建設工事、測量、地質調査などの会社ですよね。ですから事業者登録手続きもそれに沿った

仕事分野の用語、主なもの

用語	内容
（建設）工事	読んで字のごとくで、建物を建てたり道路を造ったり川岸を整備したりするときのいろいろな工事を請け負う会社はここから登録します。
測量	工事の前に工事場所を正確に決めたり面積を測ったりする測量業務を行う会社の分野です。
設計	建物や道路そのものや工事の仕方を設計するお仕事です。最近では建設・土木分野の設計だけではなく「ものごとを計画する」という幅広い業務分野をフォローすることもあります。
物品（買い入れ）	自治体が使う物品を買い入れるための分野、言い換えれば自治体にいろいろな製品を売る会社が登録する分野です。
委託	「自治体になり代わってお仕事をまるごと引き受ける」という性質のお仕事です。ソフト的な事業の計画・企画や実施運営のお仕事はだいたいこの分野に入ります。

分野で設けられ、今まで続いているわけです。

ところが地域課題や住民ニーズが複雑化するに伴って、自治体のお仕事は幅広くなっただけではなく、とても細かくなってきました。そうすると今までのように「測量」「設計」「建設工事」などの分野に全く当てはまらないばかりか、登録が必要なお仕事の内容もとても細かくなってきたのです。ただ、だからといって現状に合わせて全ての細かい分野について窓口を設けるとなると、自治体内部の多くの規則や様式を組織内部で協議し変更しなければなりません。そうすると時間がかかる上に手続きが煩雑になり、自治体も登録する方の企業にとっても面倒になるばかり。

で、こうした状況の中で自治体がどんな手

を講じているか。それは「測量」「建設工事」のような明らかに建設・土木分野だとわかるもの以外の分野の手続きに「その他大勢をまとめて放り込んでいる」のです。

キモはここ「物品」「委託」

ではその分野とはどこでしょう。「建設工事」「測量」以外の、主に「物品」「委託」「設計」という名前がついた登録窓口が設けられている場合、そこをクリックしてみて下さい。そのいずれかに研修業務や映像の作成、企画業務などソフト的な業務分野が設定されていて、みなさんのお仕事分野に当てはまるものがきっと見つかるはずです。

実際にやってみたほうが安心しますよね。ではあなたの会社が建設・土木・物品などではなくサービスを提供する会社であると想定して、平成26年度7月末現在の東京都のホームページから事業者登録手続き画面を探してみましょう。

まずは東京都公式サイトのトップページにアクセスします。画面左上側にいまの時点での都知事、舛添さんの顔写真があったりしますよね。で、画面を下方向にスクロールしてみてください。ずーっと下へ下へ。ページの一番下に来ました。右横に「都庁オンライン」というカテゴリーを見つけられましたか。その上から3番目。そう、そこです。「入札・契約情報」

というキーワードがありました。ここをクリックします。

次に開いたのが「東京都電子調達システム」というページ。「電子調達」ということばも自治体目線の用語です。「インターネットお取引」と置き換えた方がわかりやすいかもしれません。

このように規模の大きい自治体は民間企業とのお取引の一部や情報共有にインターネットを活用しています。中でも最たるものは東京都。なにせ平成26年度の予算規模は約13兆3０００億円、スウェーデンの国家予算に匹敵します。あまりにも多くのお仕事を民間に発注していて引き受ける企業数もあまりにも多いため、いちいち文書で受け付ける手続きではとても仕事を回せないのです。ちなみに東京都下には東京都庁とは別の自治体として市区町村が62ありますが、その中で54の団体は「東京電子自治体共同運営サービス」という共通のサイトを立ち上げてここから手続きができるようにしています。

さて「東京都電子調達システム」のページの左側にキーワードが並んでいますよね。その中の「資格審査申請の手引」。ここをさらにクリックしましょう。

表示されたページに、さあ、ありました。「工事」と「物品」、それらの分野で必要な手続きが項目ごとにＰＤＦになっています。ページにはこの二つの分野しかありません。さあどうする?

すごーい。何でもアリアリ

ここで、「物品」の列をよく見てみましょう。「格付基準・営業種目一覧表」というPDFがありますよね。どうやら「物品」には一覧表にするほど営業種目がたくさんあるようです。開いてみると、あるわ、あるわ。大きな区分けで「物品」「委託等」と分かれていて、特に「委託等」の営業種目には「印刷」「コピー」「広告代理」「ビデオ・スライド制作」「催事関係」「情報処理」「市場調査」「労働者派遣」などが名を連ねています。

さらにそれらが取り扱い品目ごとに細かく分かれて、「経営コンサルティング」「監査」「システムコンサルティング」「システム開発」「ホームページ制作」「環境コンサルタント」「研修」「旅行」「窓口案内業務」「コールセンター」「デザイン」など盛りだくさん。「動物飼育」「筆耕」や「ふとん丸洗い」まであります。さらに「インターネット・映像広告」「会場運営・展示業務」「防犯・防災計画」などが新設項目としてさっそうと登場。しめて委託などだけでも34種目、取り扱い品目は725項目にも上ります。加えて34種目各々にご丁寧にも「その他」という品目が。これはもう何でもアリと言っていいでしょう。

というわけで、サービスを提供する企業が東京都に登録する場合は「物品」という分野から該当する営業品目を探して手続きを進めることがわかりました。

でもなぜ「物品」の中にその他のサービスが？　話を蒸し返すようですがこれじゃあぱっと見ではまずわかりませんよね。

足元をすくう「くっつきの等」

ここでぜひご注目いただきたい文字があります。物品の正式名称「物品買入れ等競争入札参加資格」の買い入れという言葉のあとにくっついている「等」という文字。これも自治体ならではの文字の使い方。何かを取り決めた用語のあとに「等」がくっつくと、その他の例外はなんでもあてはまりますよ、と解釈することが暗黙に許されてしまうのです。

それじゃそもそも取り決めた意味ないじゃん！　びし！と再びツッコミ入れたくなりますよね。そうです。かくいう私もこの「くっつきの等」には何度足元をすくわれたことか。

12年ほど前、ある自治体の市民意識調査業務を引き受けた時のこと。私の役割はアンケート調査報告書をとりまとめるというものでした。調査結果の分析と評価が終わり、報告書もほぼまとまってきた段階で担当職員さんに言われたのは「追加でヒアリング調査もやってくれないかなあ」。

えっ、もう業務スケジュールも終盤なのに。ここへ来て追加調査なんてゼッタイ無理。それ以前に仕様書《しようしょ》という仕事の内容を取り決めた書類にはそんなことひとことも書かれていません。「お引き受けしたいのはやまやまですが、仕様書にもヒアリング調査は書かれていませんし、工程的にも難しいのではないかと」と、やんわりお断りした私に、「えっ、でも仕様書に報告書等ってあるよ。うちとそちらとで協議して出来る範囲でいいから頼むよ、ヒアリング」。あわてて仕様書を確認した私の目に写ったのは「アンケート調査等およびそれらの分析・評価、ならびに報告書等の作成等」、「くっつきの等」のトリプルコンボです。これではもうお手上げ、自治体の作戦勝ち。結局ギリギリ出来る範囲でお引き受けしたものの、睡眠時間を大幅に削ったため肌は荒れるわ、くたくたに疲れて高熱を出すわで散々でした。

「くっつきの等」で痛い目に合うのも流石にこれで最後にしたいと考えた私は、以降自治体のお仕事との最初の打ち合わせで「くっつきの等」がある業務内容には何をどこまでやるか話し合って決めて、決めた内容を議事録に残すことにしました。

企業担当者の美容と健康を容赦なく破壊する「くっつきの等」。おそるべし「くっつきの等」。でも例外が多い自治体にとって、時には実に都合がいい「くっつきの等」。

少なくとも東京都参加資格申請の分野では工事や物品以外にもすさまじい数に上る東京都の様々なお仕事を、この「くっつきの等」が全部引き受けてくれています。

③ 受け付け期間に要注意

3つめのポイントは受け付け期間。自治体によってまちまちですが、どの自治体も2年に一回程度の頻度で定期的に受け付ける「定期申請」と、年度の中で時期を決めて受け付ける「随時申請」の2パターン申請方法を用意しています。

注意したいのは、この申請の時期を逸すると、お仕事を取るチャンスをほぼ1年間待たなければいけないということ。お目当ての自治体の申請期間は要チェックです。

(3) 発注形態の6パターンって？

事業者登録のほかに必ず知っておきたいのは自治体のお仕事の出し方です。いちばんよく知られているのが最も低い価格を示した会社に決める「入札」。多くの方が自治体のお仕事の決め方は入札だけ、低い金額で決まるもの、と思っていますね。

ところがどっこい、自治体のお仕事の出し方は入札だけではないのです。

そもそも発注先の会社を選ぶプロセスには2段階あります。

まずは発注するお仕事にエントリーする会社を数社選びます。これが第一段階。

次にエントリーした会社の中から最終的に発注先となる1社を決めます。これが第二段階です。

実はこの2つの段階ごとに異なるパターンが設けられていて、発注形態はそれらの組み合わせで決まるのです。

①お仕事にエントリーする会社の選び方

まず第一段階の「お仕事にエントリーする会社の選び方」について。2つのパターンがあります。

公募型・一般競争型

自治体の公式ウェブサイトなどに「こういうお仕事があるのでエントリーしたい会社いませんか」とお知らせを出して広く募集をかける方法、これが「公募型」や「一般競争型」と呼ばれるパターンです。

ホームページにお知らせが出ている場合、応募するための手続きについて説明した資料や業務内容がＰＤＦになっていて誰でもダウンロードできるようになっています。

指名型・指名競争型

自治体が参加資格者名簿から任意あるいは無作為に、または営業活動で部署に出入りしている数社を選んで、「こういうお仕事があるのでエントリーして下さい」とお誘いする方法。これを「指名型」または「指名競争型」といいます。

このパターンは企業にとってはあくまでも受け身です。自治体からご指名がかかるのを待つしかありません。心持ちとしては「ご指名がかかったら儲けもの」。ただし日ごろから自治体部署からビジネスパートナーとして製品やサービスへの信頼関係を築けている場合は話は別です。担当職員から「来月の初めに指名かけますのでよろしくお願いします」などとこっそりお声がかかったりします。

そして指名は非公開で行われます。どんな会社が何社エントリーしたかは原則として指名された会社でさえ教えてもらえません。その理由はひとつ。もしエントリーした会社全てがお互いの社名を知ってしまったら、そう、「談合」という悪だくみに発展するおそれがあるからです。

②エントリーした会社の中から発注先を決める方法

公募型や指名型でエントリーした会社数社。これらの会社同士に競わせて最も優れた1社を発注先として決めるのが第二段階です。

第二段階には3つのパターンがあります。

最低価格落札方式（入札）

エントリーした会社全てに「今回お願いしたいお仕事はこんな内容ですよ」と業務内容を細かく示した資料を渡します。この資料を「仕様書」といいます。

エントリーした会社は、この仕様書にあるお仕事の内容をどれくらいの金額で引き受けられるのか計算して、出た金額を決められた様式に書き込んで指定の日時までに自治体に提出します。手続はインターネットで行われる場合もあります。

自治体は全社の金額を比べて、一番低い価格を示した会社を発注先として決めます。これが「最低価格落札方式」。自治体のお仕事の発注形態で「入札」として多くの方がご存知なのがこのパターンですね。

プロポーザル方式

エントリーした会社が仕様書に示された業務をどのような考え方や方法で行うのか企画提案書を提出させて、その企画内容で評価して1社を決める方法が「プロポーザル方式」です。プロポーザル方式は、企画内容のプレゼンテーションと併せて評価する場合と、企画提案書だけで評価する場合と2通りあります。

総合評価落札方式

エントリーした会社全てを企画提案書やプレゼンテーションで評価して、まず優れた企画案を示した数社に絞り込みます。最終的にその数社からいくらでできるか金額を提出させて、企画と価格それぞれ評価基準点に沿って評価点を算出し、優れた企画を適正価格でできる会社に決定するパターンです。一般的に企画点2に対し価格点1の割合で評価されます。

このパターンは企画提案が優れているだけでも価格が低いだけでも選ばれません。双方のバランスが取れているコストパフォーマンスが高い会社が勝利をおさめることができます。最低価格落札方式とプロポーザル方式の両方の性格を併せ持つ選び方ですね。

「お仕事にエントリーする会社の選び方」が2パターン、「エントリーした会社の中から発注先を決める方法」が3パターン。これらを組み合わせると2×3で6パターンあることになります。これらのパターンの正式名称を整理すると左表のような感じになるでしょうか。

ところで、左上のちっちゃい円について補足しましょう。

6パターンにもう1パターン例外的な発注形態があります。それは「単独随意契約《たんどくずいいけいやく》」というもの。

我が国で1社だけの特殊な技術やノウハウを持っているなど、複数の会社から発注先を選ぼうにもそれができる会社がいない！　集まらない！というケースにこの形が取られます。また、ベンチャー企業を優遇している自治体はこのパターンでベンチャー企業にお仕事を出したりします。

単独随意契約の場合は他の6パターンのように「他社と競う」というプロセスがありません。ただし「なぜこの会社を単独随意契約にしたのか」という点については地域住民に説明

企画を適正価格でできる会社に決定するパターン

	価格で決める	企画提案で決める	価格と企画提案で決める
指名でエントリー	最低価格落札方式 指名競争入札	指名型 プロポーザル	総合評価落札方式 指名競争入札
公募でエントリー	最低価格落札方式 一般競争入札	公募型 プロポーザル	総合評価落札方式 一般競争入札

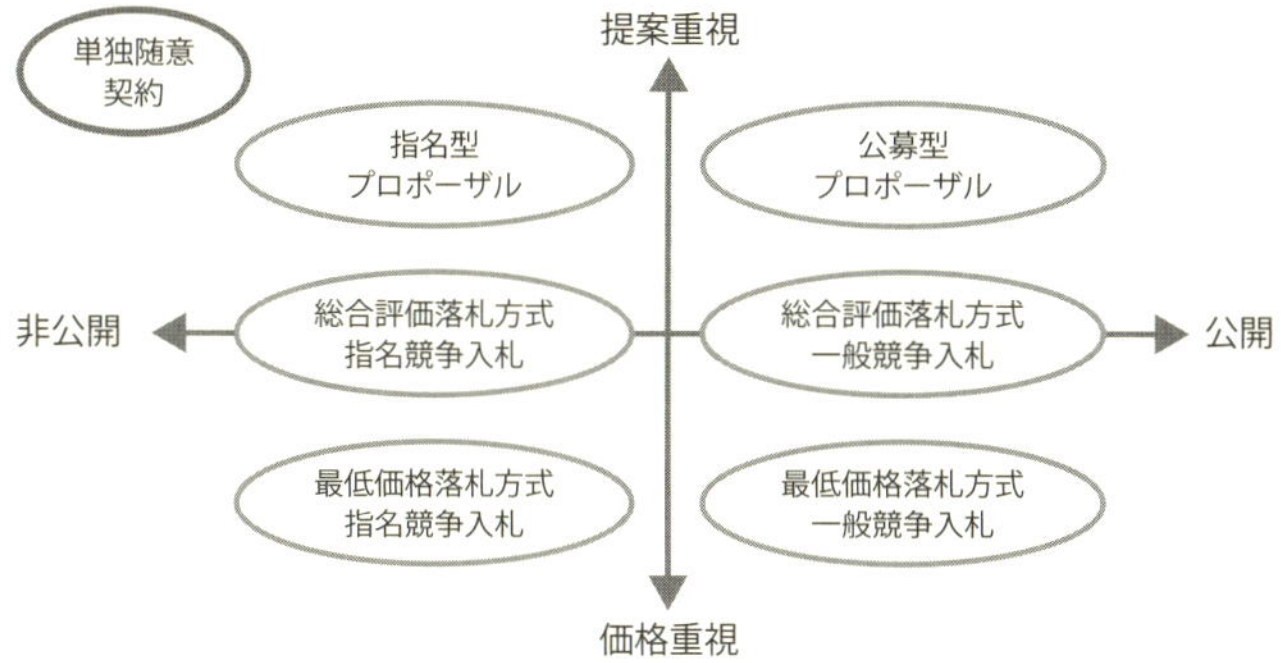

責任を果たすため、その客観的かつ妥当な理由を庁内の契約関係部署などに認めてもらわなければなりません。

この単独随意契約、発注先企業選びが地域の厳しい目にさらされている最近では手続きとしてはなかなか通りにくくなりました。誰もが認める妥当な理由をあれこれ客観的なデータなども集めて文章にまとめなければならない担当職員さんも大変ですよね。

そこで表向きは競争入札にして「入札に応じたのがその会社1社だけでした。やむを得ないのでそこに決めましたよー。」という手続きを取る場合もあったりします。

3　自治体のお仕事ビギナーならまずここから！下流工程編「予算化されているお仕事を取りに行く」

自治体お仕事ビギナーは、なにはさておき実績作りからがオススメ。まずは予算化されている、つまり発注することが決まっているお仕事を他社とバトルして勝ち取るところからトライしてみましょう。

（1）発注情報はこうして入手しよう

今年度どんなお仕事が出されるのか知るためには、そう、予算関係の資料の確認でした。細かい事業とそれらの予算は自治体が公開している「説明書」で確かめましょう。

ではそうしたお仕事がいつ出されるのか。発注部署の職員さんから聞き出すのが一番確実ですが、いきなりそれはハードルが高いなぁという方。次の3つの方法でお仕事の情報を手に入れることができます。

①自治体のホームページなどから入手

公募型の場合、多くは自治体のホームページにお知らせがアップされます。公募型プロポーザルの場合ならトップページに直接という自治体もありますが、多くは入札・プロポーザルを問わず「入札・契約」関連のページにそうしたご案内は随時アップされます。

中には企業が情報を入手しやすいように入札やプロポーザル関連の情報をＰＤＦ資料一本にとりまとめて発行している自治体もあります。たとえばさいたま市は「入札・契約」のページに「さいたま市契約公報」という広報誌を1ヶ月に2回ＰＤＦでアップロード。入札やプロポーザルの今後の予定やお仕事を出しますよというお知らせ、入札・プロポーザルの結果で発注先として決めた会社名などについて情報をオープンにしています。

ホームページから情報を入手する場合なら、情報がのるページをまめにチェックすることになるので、お目当ての自治体の該当するページをあらかじめブックマークしておくとよいでしょう。

②無料の検索サービスで入手

いちいちホームページをチェックするのはちょっと、というめんどくさがり屋さんにおすすめしたいのは無料の検索サービスの併用です。特に平成26年7月現在でGoogleが提供している「Googleアラート」は私もよく使います。

あらかじめキーワードを登録しておくと、そのキーワードがネット上に出現するとメールで知らせてくれるのがこのサービスのあらまし。例えば「公募」「募集」「プロポーザル」「企画提案」など複数のキーワードを登録しておくと自治体がホームページで出した公募型プロポーザルが毎日のように引っかかってきます。お目当ての自治体の情報をタイムリーに知らせてほしい場合は自治体の名前や年度・月も併せて登録しておくとさらに手に入れる情報を絞り込むことができます。もちろんすべての情報がもれなく入手できるわけではありませんが、補足的に使えばとても助かるサービスです。

③ 有料の検索サービスで入手

自治体のお仕事が以前より脚光を浴びるようになったせいか、有料のお仕事情報検索サービスも見られるようになりました。

自治体の発注情報をいちいちチェックする時間もないし人もいない！という会社なら有料サービスを活用しお金で解決するのもひとつの手です。

こうした有料サービス、お仕事情報を入手したい自治体の数に応じて金額が決まる仕組みとしているところが多いようです。せっかくコストをかけるのであれば、対費用効果を高めるためにもターゲットとする自治体をはっきり決めておきたいものですね。

こうして手に入れたお目当てのお仕事情報ですが、入札もプロポーザルもエントリーや資料の提出には提出方法や期限が細かく設けられています。こうした情報はまっさきにチェックして「間に合わない！」ということにならないように速やかに準備にとりかかりましょう。

さあ、それではいよいよお仕事を勝ち取りにいくためのポイントを入札編とプロポーザル編とに分けて紐解いていきましょう。

(2) お仕事を勝ち取ろう。入札編

入札のステップ

入札のお知らせが自治体から出されてから発注先企業が決まるまでの段取りはおおむね5つのステップで進みます。

① 公告か指名

公募型の場合は自治体から「入札でこんなお仕事がありますのでエントリーしませんか」とホームページなどにお知らせが出されます。こうしたお知らせを「公告」といいます。ホームページにお知らせが出される場合は入札の手続きが書いてある説明書や参加要件・業務内容を示した仕様書などがＰＤＦでダウンロードできるようになっています。

指名の場合は電話や通知書の郵送などで「入札のお仕事にエントリーして下さい」とご指名がかかります。

② 説明会

自治体がエントリーした会社を集め、入札にかかるお仕事の背景や目的、仕様書の内容について直接説明をする場を設けます。これを説明会といって、「仕様書渡し」「現場説明会」などとも呼ばれています。説明会はお仕事の分野や予算規模によって開催されないこともあります。

仕様書などの入札に必要な書類は出席者にしか渡されないことや、説明会への出席が入札への参加条件になっていたりすることもあるために事前に確認しておくとよいでしょう。

③ 質問受け付け・回答

まずは入札に必要な手続き書類や業務内容・参加資格が書いてある仕様書の内容によく目を通します。その結果わからないところや確認したいことがある場合は、メールやファックスなど、自治体から指定された方法で質問をすることができます。

質問には期限が設定されていますのでこれも要注意です。

④ 価格の計算

仕様書に示された業務の内容をいくらでできるのか計算して見積もり金額を出します。この計算のことを「積算《せきさん》」と呼んだりします。

まずは仕様書の仕事を普通に行うとどれくらいかかるのか積算して、出た価格でどのくらい利益を確保するのかアタリをつけた上で最終的な入札金額を決めます。

⑤ 入札、落札企業の決定

自治体が指定した方法で金額を自治体に示します。インターネットを通してする電子入札の場合もあれば、実際に金額を書いた用紙を自治体に持って行って各社が自治体担当者に提出し、その場で金額が開示されて一番低い価格だった会社が落札、という方法もあります。

一見どうにもならない入札の勝率を高めるためには

最近自治体のお仕事のことを人前で話す機会が多くなりました。そこでいつも感じるのは「どうせ入札して金額で決まるんでしょ」「くじ引きと大差ないよね」という考えを持つ方がとても多いこと。

その通り。確かに入札は最終的には金額勝負です。自社でギリギリ低い価格で頑張っても他社がそれを下回る金額を出してくればそれでアウト！　ゲームセット。勝負の行方を完全にはコントロールできないという面では企画提案勝負のプロポーザルより戦い方は難しいものです。これは入札という制度の宿命とも言えるでしょう。

そんな中でも、入札の勝率を高めていく方法がいくつかあるのです。ここではそんな中から誰でもできる基本的な方法を３つ厳選してご紹介します。

① 前年度の落札結果をチェックする

自治体のお仕事は全く新しい分野や内容であれば別ですが、多くの場合毎年同じような内容の事業が一定の予算規模で発注されるケースが少なくありません。

入札のお仕事にトライするときには、まず注目したいのはここ。前年度に同じようなお仕事の発注がないか調べて、どんな会社が予算規模に対してどの程度の金額で受注しているのか確かめます。時間に余裕があれば同じようなお仕事で別の自治体の入札結果がどうなっているか情報を集めると、なおベターです。

こうした情報をもとにすれば、予算規模に対してだいたいこのくらいの価格帯が勝負どころだな、と見当をつけることができます。自社がそのお仕事をいくらでできるのか計算して、その金額をアタリをつけた金額ゾーン内ですり合わせれば、あなたの上司の長年の勘でエイヤッと金額を決めるよりは少なくとも勝率を高めることができます。

それでは情報はどうやって調べるのでしょう。ズバリ、多くの自治体は過去の入札・契約結果を入札に参加した会社名とともにホームページに情報公開しているのです。ピンポイントで調べたい場合なら、お仕事の名前である「案件名《あんけんめい》」と前の年度を自治体ホームページのサイト内検索機能を使って調べると案外あっさりと引っかかってくることもあります。

また自治体は原則としてすべての業務に関する情報は外部に公開することとなっています。どの自治体も情報公開について条例や規則をつくり、その手続を取れば誰でも行政情報を手に入れることができます。もちろん入札の情報も例外ではありません。この手続きは時間がかかるので入札のお知らせが出る前に日ごろから情報収集をしておくことが必要ですが、こうした制度を活用して情報を入手するのもひとつの手です。

②他社の応札動向をチェックする

①でご紹介した過去の入札・契約情報からは、同じ事業領域でお仕事をねらうライバル会社の名前がバッチリわかりますよね。こうしたライバルは同業ですから、どんな価格感で入札してくるかだいたいアタリがつくことも多いはず。会社名がわかったら、同じ方法で周辺の自治体が発注しているお仕事でライバルがどんな価格で入札しているか調べてみましょう。もちろん想定したライバルが必ずしも同じお仕事に応じてくるとは限りませんが、こうした情報も価格を設定する重要な目安となります。

③不当廉売行為（ダンピング）は絶対にやらない

じかに勝率を高めるわけではありませんが、長い目で見るととても重要なのがこれ。中長期的に勝率を高めていきたいなら、これを一回でもやってしまったら即ゲームオーバーだと考えて下さい。

他社には及びもつかない低い価格で入札に応じて仕事を取る「不当廉売行為《ふとうれんばいこうい》」。ダンピングとも呼ばれています。

お仕事を取った会社は当然赤字です。でもそれは自己責任で承知の上でやっていること。まずは実績を作るという経営戦略によるものであればなおさら誰も文句のつけようがないはずですよね。

ではなぜダンピングは勝率を高める上で絶対にやってはいけないのでしょうか。その理由は2つあります。

ひとつ目の理由は、地方自治体の発注担当部署に多大な迷惑をかけてしまうということ。これは自治体がお仕事を予算化するプロセスに関係しています。

極端な例ですが、たとえば予算規模1000万円のお仕事が入札になり、あなたの会社が100万円で落札したとします。もちろん足が出るのは覚悟の上。まずは実績が作れれば良いのですからあなたの上司は無事落札できたたことをヨシとするでしょう。

あなたが上司とビールで乾杯しているころ、発注元の自治体部署の職場は大変なことになっています。「1000万円の事業なのに100万円程度でできる業務だったのか。積算が甘かったんじゃないのか」。こうして前年度にそのお仕事の予算を組み立てた職員さんはとても厳しく追求されます。

本当に積算が甘かったのなら差額の９００万円は地域住民が必要としている他の事業に回すこともできたわけですよね。そうすると担当職員さんは地域に９００万円の損害を与えたことになってしまいます。地方自治体は全体の奉仕者ですから、これは騒ぎになって当たり前です。

このようにダンピングは発注元の部署にとっては迷惑行為以外の何物でもありません。担当職員さんはあなたの顔も見るのも会社名を耳にするのも嫌になってしまうでしょう。公募ならともかく、少なくともその後あなたの会社は指名にかけてもらえることはまずないと考えて下さい。

２つ目の理由は独占禁止法がダンピングを不公正な取引方法として禁止しているということ。企業にとってコンプライアンスにかかわる社会的な側面からの理由です。

なぜダンピングが独占禁止法にひっかかるのでしょうか。公正取引委員会が決めているダンピングの定義を見るとその理由が見えてきます。

【ダンピングの定義（公正取引委員会一般指定6項より）】
・正当な理由がないのに商品又は役務をその供給に要する費用を著しく下回る対価で継続して供給する行為
・その他不当に商品又は役務を低い対価で供給する行為であって、他の事業者の事業活動を困難にさせるおそれがあるもの

この定義のポイントは「他の事業者の事業活動を困難にさせる」というくだりにあります。自治体の場合で考えてみましょう。ダンピングはめちゃくちゃ安い価格で地域住民の求める行政サービスが実現できるのですから、ぱっと見は税金をとても効果的に使って地域住民のためになっているように思えます。

でも長い目で見たらどうでしょう。東京に本社があり全国に支店支社があるような、ダンピングによる赤字を吸収できる体力のある大企業だけが入札に勝ち続けるわけです。これでは赤字覚悟の事業を引き受ける余裕などない地元の中小零細企業には、自治体のお仕事を取るチャンスが全くなくなってしまいますよね。

これは自治体のお仕事で形成されるマーケットのまっとうな競争を邪魔することでもあり、

結果的に地域全体の利益を害することになってしまいます。だからこそダンピングは独占禁止法上で禁止され、公正取引委員会が厳しい目を光らせているのです。

そんなわけで、ダンピングと見られる低価格の入札には「低価格調査」という厳しい取り調べが入るルールを多くの自治体は設けています。この調査の結果ダンピングと判断された会社は失格。そうでない場合は失格と烙印を押される前に会社が自主的に受注を辞退したりします。

また入札の際の最低価格を決めている自治体も少なくありません。この最低価格を下回ったら即失格になるというルールを設けて、ダンピングを未然に防いでいるのです。

「つい魔が差して」「出来心で」では済まされないダンピング。皆さんも受注という甘い誘惑や悪魔のささやきに惑わされないで下さいね。

勝因・敗因分析もお忘れなく

いくら勝率を高める努力をしても、すぐには勝てないのが入札というもの。もともと100%取れる仕事など、自治体・民間を問わず世の中には存在しません。

一方中小企業やベンチャー企業は大企業とちがって固定費や人件費を比較的低く抑えるこ

とができる傾向にあります。これは入札には有利な面ですよね。

入札は1回で諦めてしまうことなく、何回も積極的に挑戦してみてください。何回か経験すると、だんだん勝てそうな案件とそうでない案件の見分けもつくようになってきます。

そして忘れてはならないのが「勝因・敗因分析」。入札で買っても負けてもその要因を「自社の対応」「ライバル会社の動き」「自治体の都合」の3つの切り口でよく調べ、関係する社員で情報をシェアしておくことをおすすめします。

これに続けて取り組んでいくと、次に同じような種類の入札に挑戦するときに価格を判断する材料が徐々に増えていって、勝率を高めていく組織体質をつくっていくことができます。

(3) お仕事を勝ち取ろう。プロポーザルと総合評価落札方式編

チーム戦が鉄則

まず最初に大切なお話をします。「決して社員一人ではなく、複数の社員で取り組むこと」。これ鉄則です。

プロポーザルと総合評価落札方式は、いわば短期間のプロジェクトに集中して取り組むよ

うなもの。価格だけではなく企画提案書やプレゼンテーションの内容勝負になるぶん、集める情報も提出物もたくさんあって、目配りしなければならないこともあちこちに散っています。普段の仕事も並行してやりながら一人だけで抱え込むと、必ず準備に漏れや抜け、ミスが出てきます。

プロポーザル・総合評価落札方式のステップ

プロポーザル・総合評価落札方式がどのように進んでいくか、まずは複数の社員で取り組むときの役割分担と一緒にまとめてみました。

複数の社員といっても5人も6人も必要なわけではありません。メインで担当する社員が1名、メイン担当者をアシストする事務作業を担う社員が1名、あとは大切なことを意思決定する役割の責任者1名。合計3名いれば充分です。

各ステップでの対応ポイントは次のようになります。

① 公告。エントリーの見極め

ここは基本的に入札と一緒。公募型の場合エントリーや企画提案書作成に使う資料がホー

プロポーザル・総合評価落札方式のステップ

ステップ	責任者	担当者	アシスタント
公告	説明書、実施要領、仕様書、指定の様式などに目を通す。		必要に応じて様式を作る。関連する行政計画や情報を集める。
説明会	説明会に出席するかどうか判断する。	必要に応じて説明会に出席する。概算見積を作る。	説明会出席に必要な手続きをする。
参加申請	参加の可否を決定する。	参加の可否について意見を責任者に報告する。	参加申請書類を作成し参加申込み手続きをする。
質問受付・回答	質問事項が妥当かどうか確認する。	関連文書を全て読み込み質問事項をまとめる。	質問を指定の方法で提出する。
企画提案書等提出書類の作成	提案書の作成方針、戦略・戦術を決定する。	行政計画など収集した資料を読み込んでポイントを責任者に報告する。企画提案書を作成する。	必要な場合所定の書類に代表印を押印する手続きをする。業務実績、担当者実績などを所定の様式で作成しておく。
企画提案書等の提出	―	必要な場合企画提案書類一式を持参する。	提案書類一式を確認し発送する。
結果通知	二次審査にプレゼンテーションがある場合はメンバー選定、プレゼンツールの作成、メンバー間の情報共有などの準備を行う		―
プレゼンテーション（ヒアリング）	必要に応じてプレゼンテーションに出席する	プレゼンテーションをする	―
勝因・敗因分析	結果を踏まえ勝因・敗因分析をする。		勝因・敗因分析結果を関係者に周知する。

ムページにアップされます。

まずは「参戦できるお仕事かどうか」を参加要件で確認すること。参加要件を満たしていない場合はここで終了。次の案件をあたりましょう。

参加要件を満たしている場合は、ポイントは「勝てる見込みのある案件か」「戦略的な面から受注する価値があるお仕事か」の2点について検討して判断します。

もともと勝てる見込みが少ないお仕事に、「あ、この仕事うちにもできる」と慌てて食いついてあえなく敗退するなんて骨折り損、できれば避けたいですよね。こんなことにならないように勝ち目のない案件にはエントリーしないこと。これも鉄則です。

一方、予算規模の小さいお仕事であっても営業戦略的に取っておいた方がいいという場合もあります。

プロポーザルも総合評価落札方式も企画提案書の提出期限にそんなに余裕があるわけではありません。こうした判断はスピーディーにする必要があります。

そんな中で担当者がまずやらなければならないのは開示された資料全てをその場でダウンロードして隅々まで目を通すことです。その時点で判断がつくこともありますが、もっと詳しい状況を把握してからでないとわからない場合も。こうしたケースでは説明会に出てから決めることになります。

この間アシスタントは手持ち無沙汰になどなりません。エントリーすることを前提として、できることをやっておきます。たとえば提出資料の様式がＰＤＦになっている場合は様式にじかに記入できませんよね。だからといって手書きはとても効率が悪いもの。そうしたときにはＰＤＦ様式をワードなどの様式で打ち直し、資料作成にすぐ取り掛かれるように準備をしておきます。

②説明会。「ライバル会社の情報」と「自治体の求めること」を情報収集

説明会の概要は入札と同じですが、出席がお仕事へのエントリーの条件になっていない場合はパスするかどうか責任者が判断します。出席には事前申し込みが必要な場合もありますので、これはアシスタントに任せてしまいましょう。

説明会には筆記用具はもちろん、それまでに開示されている関連資料を持ち込んであらかじめ質問事項があれば用意して臨みます。名刺の提出を求められることもあります。忘れずに。

説明会への出席のポイントは、ただ職員から説明を受けて帰ってくるだけの場ではないということ。「重要な情報収集の場」だと心得て参加して下さい。

ではお仕事の説明以外にどんな情報を仕入れてくるのか。それは「ライバル会社の情報」と「自治体の求めること」です。

まずライバル会社の情報収集について。プロポーザル・総合評価落札方式の一連のプロセスの中で、ライバル会社を観察する機会はここしかないからです。

具体的な社名、会社数、自治体のお仕事の常連かビギナーか、どんな考えを持っているのか。これらは会場の様子や質疑応答の内容などから注意して観察すればさまざまな情報を仕入れることができます。

たとえば会社数。会場の一番後ろの席に陣取りましょう。その他の参加会社の座っている場所や様子が見渡せます。これで大体の参加者数がわかりますよね。大手企業などは複数で参加して、質問内容も専門用語てんこ盛りで慣れたもの。これも観察すればわかります。

それから社名。説明会会場に入るときに社名と氏名を書き込む受付簿が用意されていることがあります。こんなときは開始時間ギリギリに会場入りすれば受付簿には来ている会社の名前がずらり。一目瞭然です。その場で暗記して着席後にサクっとメモに残しましょう。

これは私がたまに使っていた荒ワザ。誰からも視線が来ていない隙を見てさっとスマホで写メを撮り、その場で会社にメール送信していました。特に説明会の参加案内資料で撮影や通信を禁止されていないから大丈夫かなと。ただしこのワザ、心拍数が異常に上がります。そして見つかって注意されてしまうリスクも極めて高し。あえて「心臓の弱い方はマネしないでくださいね！」と付け加えておきます。

次に「自治体の求めること」。これについては担当職員から説明会の冒頭で詳しい説明があるはずです。とくに資料に書いていないことを話してくれることもあります。聞き漏らさないようにしましょう。

③参加申請。時には勇気ある撤退も

説明会などで得た情報は責任者に報告。責任者は戦って勝てそうか、そして戦う価値があるか判断しましょう。自社の実績がなく、実績のある大手企業が複数参加している見通しのときはエントリーしないという判断もありでしょう。一方お仕事の内容で自社の強みを活かせそうなとき、説明会の様子などからも経験豊富なライバル会社は来ていないというとき、自社の実績がなくてもプロポーザルの評価基準で実績点の配点が低いときなどは迷わずGOサインです。

GOが出たらさっそくアシスタントは参加申込み手続きを進めます。

参加申し込みには参加申請書のほか財務諸表、登記簿謄本などの提出も求められることがあります。また多くの場合参加申請書には代表印が必要です。代表印は右から左にぽんと押せる三文判とはわけが違いますよね。決済が必要なのはもちろん会社によっては申請書を遠い本社に送って押印後返送してもらわなければならないこともあるでしょう。

参加申請に早めに対応するために、公告段階で提出書類一式を確認して、この段階で財務諸表や謄本などを準備しておきます。また書類で必要なところだけ先に代表印をもらっておくと参加申請でもたつくことはありません。

④ 質問受け付けと回答。質問は熱意を表すが、不用意な質問はしない

プロポーザル方式や総合評価落札方式では、要項や仕様書などを読んだだけではわからないことや特に確認したい事項について質問することが認められています。

質問の受付や回答の方法はメールやファックスなど指定されています。こうした指定方法と質問期限は厳守です。

回答は、企業それぞれに返される場合と質問をまとめて全てのエントリー企業に開示する場合と2通りあります。

パターンとして多いのは後者。全てのエントリー企業に開示されるパターンでは、ひとつだけ注意しなければならないことがあります。それは質問の内容でこちらの手の内やねらいが他社にバレるおそれがあるということ。

情報戦ですよ

たとえば研修業務のプロポーザルにあなたの会社がエントリーしたとします。あなたの会社の戦略は「動画を駆使してビジュアルな要素を交えて体感的に研修を展開し、他社と差別化を図る」というもの。自治体の研修現場ではまだまだ動画の活用は遅れている一方、あなたの会社は動画の演出や活用を得意としているからです。

そんなときに「弊社では動画を使うことを想定しており音響設備などの用意は可能ですか」などと質問したらどうなるでしょう。他社に手の内をむざむざ知られてしまって、企画提案の中でマネをされて差別化ができなくなるおそれがあります。

一方、だからといって質問を全くしないのはNG。自治体は質問の数で企業の熱意を見ていることもあるからです。手の内を知られたくない、でも質問はしておきたい場合は当り障りのない質問をいくつか用意して出しておきましょう。私の場合は提出書類の体裁の細かいところについて３つか４つ質問しお茶を濁していました。

いずれにせよ質問の内容は担当者と責任者とでしっかりと検討してから提出することをおすすめします。

さて、質問の回答が返ってきたら他社の質問内容をよくチェックしましょう。逆にライバルが何をしようとしているのかが分かれば企画提案書の訴求ポイントを検討するのに役に立ちます。

また、ライバルがビギナーなのか常連なのかが判ることもあります。

たとえば「打ち合わせに庁舎に行ったときの交通費は実費精算と考えてよいでしょうか」という質問。自治体の場合お仕事を引き受けたあとの全ての経費は受託金額の中に含まれます。交通費などはだいたいの金額をグロスで見積って計上しておくのが定石。これでこの会社が自治体のお仕事ビギナーということが一発でわかり、実質的に戦わなければならない手強い相手が１社減るというわけです。

⑤ 企画提案書など提出書類の作成。ルールは守らねば

企画提案書の書き方は、「企画提案書作成要項」や「プロポーザル実施要領」などの関連資料にこまかいルールが書かれています。そのルールで「これは書いて下さいね」とあるものについては必ず守らないと企画提案書が無効になります。こうした要領や要項はよく読んで、求められている事項は必ず書くようにします。

企画提案書は大きく分けて企画案を書く部分と、業務実績や担当者プロフィールなど客観的な情報を書く部分とで2つに分かれます。担当者は企画案の部分を書きますが、それ以外の客観的な情報を書く部分はアシスタントに振りましょう。分担してたたき台を早めに仕上げて、責任者のチェックを入れながら完成させていきます。

自治体の企画提案書は民間企業向けのものと異なって企画案の内容以前に記載ルールが守られていないと評価すらしてもらえません。提出期限の日の朝まで徹夜で書き上げるようではルール通りに書かれているか客観的にチェックを入れる余裕がなく、ミスが出やすくなります。くれぐれも余裕を持って企画書作成には取り組みましょう。

⑥ 企画提案書などの提出

企画提案書などの提出書類が準備できたら、指定された書類の種類と提出部数が揃っているか確認します。とくに企画提案書は原本と複製とで区別がつくことが求められることも。

提出方法や数量を複数名でダブルチェックすることをおすすめします。

また、提出書類の届け方には自治体によって指定があります。郵送や宅急便などなんでもＯＫの場合もあれば、郵便のみ可、持参のみ可、宅急便不可、書留のみ可などいろいろです。ここまできて間違えて失格になると作成メンバー一同立ち直れません。事前にしっかり確認しましょう。

⑦結果通知。次のステップへ

結果通知は原則的に書面で届きますが、勝った場合は電話やメールで一報が入ることもあります。ここで結果が出た時は勝因・敗因分析に進みましょう。

プレゼンテーションがある場合にはプレゼンテーションの準備に入ります。

⑧プレゼンテーション

まずは自治体から示されたプレゼンテーションの条件を確認します。

日時、参加人数上限、プレゼンで使ってよい資料、プロジェクターの使用の有無、プレゼン時間と質疑応答時間などがあらかじめ決められているのでそれに沿って準備します。

プレゼン当日は時間厳守。プレゼン時間20分、質疑応答10分というようにきっかり時間が決められています。時間内にプレゼンが終わるように事前にしっかり組み立てましょう。時間が来たらベルが鳴って「はい、強制終了」ということもよくあります。強制終了させられると次の質疑応答で全く心の余裕がなくなってしまいます。くれぐれも時間内に収まるようにします。

⑨ 勝因・敗因分析

結果が出ました。負けました。運がなかったな、また次は頑張ろうぜとメンバーで慰労会。繁華街に繰り出します。一方受注が決まったら「わーい。ばんざーい」とメンバーで祝杯を上げて、めでたしめでたし。勝っても負けてもこんなふうに終わってしまうことはありませんか。

勝敗はどうあれ「自社の対応」「ライバル会社の動き」「自治体の都合」の3つの切り口で内容をよく調べて、関係する社員で情報をシェアしておくことは、入札の時もプロポーザルや総合評価落札方式でもみな同じです。ポイントは「勝率を上げる組織体質を作る」こと。ぜひ次につながる振り返りをしてください。

勝率を高めるために。勝敗を分けるのは事前準備

このようにご紹介したステップを踏めば、確かに自治体が要求する企画提案書や資料はつつがなく出来上がります。でもそれはライバルの他社も同じこと。たったひとつの金メダルを争うわけですから横並びになってしまっては勝てませんよね。

それではこうしたプロポーザルや総合評価落札方式の勝率を高めるためには何に注意して進めればよいのでしょうか。

それは、時間がないからといって企画提案書づくりにいきなり着手しないこと。実は企画提案書づくりは事前準備がその成否を分けるのです。

お仕事の内容や状況によって細かいところは異なりますが、どんなケースでも共通する基本的な企画提案書作成準備のフレームワークはこのようにまとめられます。企画書作成はあくまでも準備段階の最後。その前にやるべきことの基本はつぎのようになります。

① 情報を集める

公告されてからすぐに企画提案書づくりに着手。自社の強みをアピールしてウチの会社はあれもできます、これもできます。実はこれが一番コケるパターンです。相手ありきの企画

やるべきことの基本

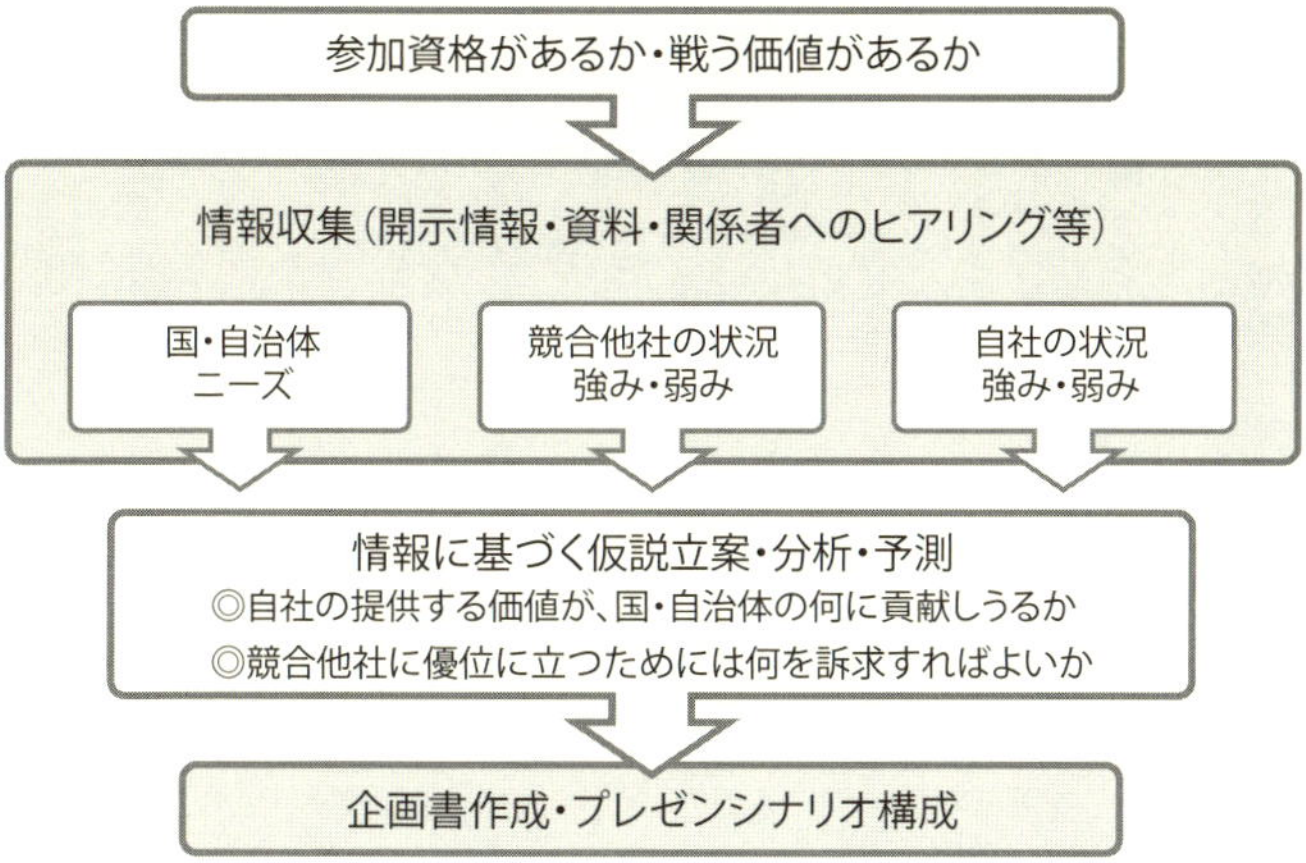

提案書であることは民間企業向けの企画提案と同じです。

ではプロポーザルの企画提案書の場合は、誰に向けて書くのか。それは自治体本体のように見えて、その後ろに控える何万人もの地域住民や地元企業なのだということを忘れないで下さい。

そしてもうひとつ外せないのはライバルを蹴落とすこと。あ、ちょっと表現が乱暴でした。ライバルを出し抜くこと、くらいにしておきましょう。自治体サイドはあなたの企画提案書を数値化された評価基準に照らして徹底的に、そして冷徹にライバル会社と比較します。ライバル対策なしには勝利の美酒は遠ざかるだけなのです。

情報を集める

情報を集める分野	収集する情報	入手方法	ねらい
自治体の情報	■当該分野の国の動向 ■首長のマニフェスト ■行政計画 ■関連政策の成果（政策の進行管理委員会議事録など）	■自治体公式WEBサイト ■職員からの情報	地域住民や企業に対してどのような施策を打ち出しているか、背景にある地域のニーズを把握するため
他社の情報	■製品・サービスの特徴や強みと弱み ■過去３年間の自治体の受注状況（自治体名・業務内容・受託金額） ■前年度の受託企業の場合は次の事項 ・受注価格 ・発注形態 ・事業の実施状況と自治体サイドの評価	■競合他社のWEBサイト ■自治体公式WEBサイト ■情報公開条例に基づく手続き ■職員からの情報	相手の強みを無効化するのか、差別化した特徴で勝負するのか判断する
自社の製品・サービスの情報	■自社製品やサービスの強みと弱点 ■自治体や大手企業とのお取引実績	―	―

こうした「自治体ニーズ」「他社の動向」の2点について掴んで、何を訴えれば金メダルを取れるのか見極めなければなりません。そのために、まずは次のような情報を集めること。これがやるべきことの1点目です。

② 何を訴求するか絞り込む

こうして幅広く集めた情報全体を見渡して自治体のニーズを満たすためにどのような切り口で何を提案すればよいのかを絞り込みます。

もう一方のライバル対策。プロポーザルや総合評価落札方式には客観的な評価基準が設けられています。企画提案書の記載項目をどのような視点で評価するか定められ、数値化された評価点が項目ごとに配点されています。

この評価基準の項目の配点を考慮しつつ、ライバルを出し抜く戦略を固めていくのです。

戦略は大きく分けて2つあります。

ひとつは「他社と差別化を図る」ことです。これはわかりやすいですよね。他社が誇る得意分野ではあえて勝負せず、他社にはない自社の強みが自治体ニーズをどのように効果的に満たしていくのか。そこで戦う戦略です。

もうひとつは「他社の強みを無効化する」。他社が絶大な自信を持っている領域にあえて挑み、同等かそれに近い評価を得ることで相手の強みを強みではなくしていく戦略です。絶対いけると勝負をかけた項目で同じレベルの点数を取られて横並びになってしまうわけですから、これはライバルにとっては相当痛い。勝てると考えた配点シミュレーションがガラガラと音を立てて崩れ落ちます。

たとえばこんなことがありました。とある大都市が公募したプロポーザルでのお話。お仕事の内容は市内の店舗に電子機器を設置し、来店した市民に使ってもらって市民サービスの向上を図るというものでした。このプロポーザルで配点の大きかった評価項目のひとつが機器を設置する店舗の数。市としては当然より多くの市民に利用してほしいわけですから提案した店舗数が多いほど配点が高くなっていました。

自治体お仕事ビギナーでも、市のハートのど真ん中を射抜いた!

エントリーした業界大手のA社は同じく大手のコンビニエンスストアチェーンと組んで、そのチェーンが誇る全てのコンビニ店舗にその機器を設置する提案をしました。もちろん店舗数は半端な数ではありません。おそらくA社は勝ちを確信したことでしょう。

そのA社に真っ向勝負を挑んだのが大手企業ではあるものの自治体お仕事ビギナーのB社。B社がとった戦略はこうでした。A社の勝ちポイントである店舗数にあえて着目。そんなB社が組んだのはコンビニではなく地元に根付いた商店街のおじさんたちでした。市内の複数の商店街を巻き込み、店舗数をかき集めてA社のコンビニ店舗とほぼ同じ設置数を確保したのです。

この提案は市のハートのど真ん中を射抜きました。どの自治体も地元商店街ににぎわいをとりもどすことに頭を痛めています。B社の提案ならば機器を設置することで多くの市民が商店街に足を運ぶことが見込まれ、市民サービスの向上と地元商店街の活性化が一石二鳥で見事に実現します。これには自治体が心を動かさないわけはありません。

こうしてこの勝負、自治体お仕事ビギナーのB社に軍配が上がりました。B社はA社の強みである「店舗数」という領域であえて勝負し、A社の強みを無効化したばかりか自治体ニーズをも満たすという見事な戦略で勝ちを手にしたのです。

このように評価基準の配点のメリハリを踏まえてどこで勝負するか見極める。そして自治体にどのような価値を提供できるかとりまとめる。こうして訴求ポイントを絞り込んでいきます。

増えつつある「コンソーシアム」

さて、これは自治体側の要件が許せば、の話です。自社だけでは自治体ニーズを満たせなかったり、他社との差別化や強みの無効化が難しい場合は、それが実現できる製品やサービスの特徴を持つ他社と組んで提案することもできます。このように複数の会社で組む体制のことを「コンソーシアム」と呼んだりします。これが可能かどうかはプロポーザルの要領や要項にあらかじめ明記されている場合もありますし、コンソーシアムの可否を質問の段階で投げかけて了解される場合もあります。昨今ではコンソーシアムを組むことを前提としたプロポーザルも大変多く目にするようになってきました。自社単独で勝負するだけではなく、コンソーシアムを組むという選択肢も覚えておくとよいでしょう。

③ 企画提案書の組み立てと内容を決める

このように集めた情報や評価基準の配点を踏まえて訴求ポイントを絞り込み、勝つための戦略を立てる。それを企画提案書を作る上で決められた項目のどこでどう表現していくか、組み立てと内容を決めていきます。

ここまでできて、初めて企画提案書の本格的なライティングに着手するのです。

自治体担当者の心に刺さる企画提案書づくりのテクニック

あなたの会社にとってこれしかないという戦略で企画提案書がまとまりました。必勝を期すなら、もうひと押ししたいところですね。それなら自治体担当者の心を動かす企画提案書づくりのテクニックを駆使しましょう。

企画提案書の書き方のルールは「企画提案書作成要項」や「プロポーザル実施要領」などの関連資料に明記されていました。目をつけたいのがここ。ルールの解釈です。

こうした要領などには「これは書いて下さいね」というルールはあっても「これを書いてはいけません」というルールはどこにも書いていません。自治体の場合、記載するのを求められていることが少しでも欠けていると厳しい評価を受けますが、求められていないことを書いても減点になることはほとんどありません。これを逆手に取って、たとえ「書いて下さいね」とはっきり指定がなくても次の5つの項目を必ずどこかに盛り込むようにすること。これが自治体に「刺さる」企画提案書づくりのポイントです。

①関連する行政計画に触れる

自治体は地域づくりについて中長期的なビジョンと各分野で何に取り組んでいくのかとり

まとめた「行政計画」と呼ばれるプランを必ず作っています。

地域全体の大きな方向性を示した「総合計画」があり、総合計画の方向性にそって各分野で個別の行政計画を作っています。「〇〇プラン」「〇〇基本計画」など名称はさまざま。

企画提案書には、そのお仕事の分野の行政計画でどのようなことが予定されているのかあらかじめ目を通し、そこで計画されている取り組みに関連付けた提案を盛り込むこと。これがひとつ目のポイントです。

提案で具体的にリンクさせることが難しい場合は、企画提案書の冒頭に「提案の背景と目的」として関連する行政計画に触れた上で、その計画の実現のためにこの提案がどのように役立つかという記述を一言入れましょう。自治体側に「ちゃんと地域のことやあなたの部署が何をしたいかわかってますよ」というアピールになって、自治体からの信頼感を高めることができます。

② 事業が実現した後の状況を中長期的に具体的に示す

企画提案した事業が実現するところまでではなく、その提案がその後の地域にどのような価値をもたらし、それによって地域住民が何を手にするのか。中長期的な効果を表現しましょう。自治体のお仕事は一度事業化されるとそれを継続するかどうか必ず評価されます。だから中長期的な視点での提案のほうが発注者元の部署としては腰を据えて取り組める事業だなと評価してくれます。その部署が実施している他の事業との相乗効果などに触れられればなおヨシです。

提案する側の企業にとっても単発で終わらず数年続いたほうが受注の見込みを立てやすいですよね。

③リスクに対してどう対応するか明確に示す

自治体が事業を実施するときにとても気を遣うのが「リスク」です。地域の税金で運営されている事業ですから何か不測の事態が起こって事業が頓挫したり予定通り進まなかったりしたら、さあ大変。せっかくの税金がムダになることに。どの自治体も安定してつつがない事業の推進を求めているのです。

弊社がお仕事を引き受ければそんなことには絶対になりませんよ、と訴えるのも大切なテクニック。企画提案した事業を進める上でのリスクを考えられうる限りリストアップして、それらのリスクに組織としてどう対応するか、自社の役割・責任・権限を明確にしつつ、ひとつひとつ潰していきます。たとえばイベント開催の企画提案の場合は、天変地異や来場者のケガや病気への対応などがそれにあたります。企画提案書としては地味な記載内容ですが、ジワっと効いてくるはずです。

④ 実績の表現を工夫する

どんなプロポーザルや総合評価落札方式でも必ずと言っていいほど記載要件となるのが「業務実績」です。業務実績に記載する情報は、発注団体名、受託年度、事業名、業務概要どまりのことが多いのですが、ここでもう一手間かけてほしいのがこれ。「技術的特徴」です。その事業を実施する上でどんな創意工夫や独創的な技術を適用し、それによって地域にどのような価値がもたらされたかをできるだけ具体的に書きます。いかに地域に役に立ってきた会社か、さり気なくアピールすることができます。

⑤ 評価委員への対応を盛り込む

プロポーザルや総合評価落札方式では、評価基準に沿って評価するメンバーとして「評価委員」という方々がいます。このメンバーがどのような立場かまず調べます。メンバーが公開されていることもあれば、非公開になっていることもあります。非公開の場合は質問の段階で評価メンバーの構成を試しに聞いてみましょう。回答を得られるケースもあります。評価メンバーは自治体内部の管理職だけで構成されていたり、地域の市民団体代表や大学教授などが名を連ねていることもあります。

５つめのポイントは実際に評価するこうした方々の地域づくりの考え方や学説などをあらかじめ把握しておいて、企画提案書の中で触れておくというものです。

たとえば評価員の市民団体が進めている地域活動の支援策を盛り込んだり、評価委員メンバーの大学教授の学説を引用したりなど。これも地域への理解度が高い企業だと比較的高い評価を得られる可能性があります。

個人プレーよりチームプレー。プレゼンテーション勝利の方程式

企画提案書を首尾よく通したら、さあ、次はプレゼンテーション。

プレゼンテーションにも、自治体プレゼンならではの勝ちポイントがいくつかあります。代表的なものは次の３つです。

①　チームプレゼンが基本

「僕、プレゼン得意なんです」というプレゼンテクニックに長《た》けた社員、どんな会社にも一人はいます。自治体相手のプレゼンテーションの場合、彼が一人で出かけて行ってどんなに見事なパフォーマンスを見せたとしてもほぼ勝てません。民間企業とはちょっと事情が違います。

自治体プレゼンで確実に勝つための大前提は「チームを組んで行う」こと。その理由は、評価項目が技術的な面から組織としての対応まで多岐にわたっているために、それぞれの評価項目をアピールするのに適したメンバーをぶつけた方が効果があるからです。

よくあるメンバー構成をご紹介しましょう。企画案全体を説明する担当者が1名、提案書のキモである製品やサービスの技術的・専門的なところを深く説明できる担当者が1名、プレゼンのその場で組織としての対応など責任あるコミットメントができる管理職レベルが1名。最小この3名で構成するのが基本です。

プレゼンテーションは時間がきっかり決められています。その時間内で、誰が何をどれくらいの持ち時間で話すのか、事前に組み立ててシミュレーションしておきましょう。

また質疑応答の際の役割分担も決めておくと「組織的なチームワークができている会社だ

な」という良い印象を与えることができます。

② 戦略に沿ったストーリー・シナリオ構成

自治体側が企画提案書の他にプレゼンテーションの場を設定する目的は、提案書では見えなかった考え方や提案の細かいところを確かめることと、本気度がどれくらいなのかという熱意の確認です。発注先企業は少なくとも1年間お付き合いする対等なパートナーですからお見合いの場でもあるわけです。企業側としては決められた時間でいかに自分の魅力を伝えてプロポーズしてイエスをもらえるかが勝負の分かれ目でもあるわけです。

でもプレゼンテーションの時間は一般的に20分から30分程度。企画提案書の中に示されている訴求ポイントを短時間で伝えるためには、企画提案書を最初から最後まで全て説明しているととても時間は足りません。

だからこそ短時間で訴求ポイントを効果的に伝えるためには、ストーリーとシナリオ構成が全て。企画提案書の中からプレゼンテーションで触れる項目を抜き出して、シナリオに沿って組み立ててプレゼンテーションをします。プレゼン資料を別途つくることが求められている場合はその組立に沿って指定されたツールで制作します。

注意したいのは、Ｐｏｗｅｒ Ｐｏｉｎｔが禁止だったり企画提案書で提案した以外のことはプレゼンで触れることを禁止されていたりすること。Ｐｏｗｅｒ Ｐｏｉｎｔ禁止の理由は、見事なビジュアルプレゼンテーションで事業内容が実際のレベルよりよく見えてしまって、評価員が惑わされてしまうということらしいのです。いずれにせよこうしたルールは事前に確認して準備しておきましょう。

③ 質疑応答を上手に乗り切る。「ここが弱点です」

プレゼンテーションで誰もがドキドキする局面は質疑応答。企画提案書の弱いところは自分たちが誰よりも分かっていますよね。表面は笑顔でも弱いところを突っ込まれたらどうしようと手のひらに汗をかいた経験はありませんか。

企画提案の中で心もとないところを突かれると、とにかく精神的に後手にまわってしまいます。質疑応答をテキパキと乗り切るのも自治体プレゼンテーションではとても重要。

そんなときにはどうするか。秘策があります。

あえて企画提案の弱いところはプレゼン本編で「ここが弱点です」と正直に話してしまうのです。ただし、ここが弱いんです、以上終わり！　としてしまうと単なるバカ正直な会社で終わってしまいます。「私どもの提案ではここが弱いんですが、それをフォローするためにこうした工夫をしています」というように弱点をカミング・アウトしたら必ずその対応策を説明しておくことがポイントです。そうしておくと質疑応答で弱点を責められて動揺してしまってチーム総崩れになることを未然に防げます。

4 ちょっと経験者向け、上流工程編。こうして進める次年度への仕掛け

下流工程の次は上流工程。上流工程で最も大事な仕事は、事業予算の前年度からの仕掛け。ちょっと経験者向けですね。

でもこの仕掛けがプロポーザルや入札などの勝率を上げるためには最も頼りになる方法です。自治体への営業訪問の基礎も交えながらみていきましょう。

(1) 営業訪問お作法のあれこれ

営業訪問の際のマナーは基本的に民間企業と同じ。ただ、相手は利潤を追求することが使命の民間企業とは組織目的がちょっとばかり違います。こうした違いから出てくる営業お作法の微妙な違い、ちゃんと押さえておきたいですね。

ちょっと民間とはノリが違う電話アポの取り方

いちいちアポには応じられない事情

「もしもし、○○市○○課でいらっしゃいますか。私は株式会社○○の鈴木と申します。お世話になっております。弊社は社会的にも画期的なＩＴサービスを展開しており（中略。延々と会社概要と自社サービス概要を説明）、貴市のお役に立てる面もあるかと思います。一度情報交換がてらご挨拶にお伺いしたいのですが」。

これ、電話アポイントでよくあるフレーズですね。これを自治体に対してやってしまったら、はい、鈴木さんアウト。「すみませんね、忙しいのでまたの機会にしてください」と冷たく電話を切られてしまいます。

自治体職員が高飛車で上から目線なのでこんな態度を取るわけではありません。自治体のお仕事への参加資格名簿に登録している会社数は恐ろしい数にのぼります。こうした会社全てのアポにいちいち応じていたらそれだけで職員さんの1年間は終わってしまって、本来の地域住民のためのお仕事が全くできなくなってしまうからなのです。

では話を聞いてもらうためのアポイント、どうやって取ったらいいのでしょう。

それでは、どうする？　行政資料です！

そのひとつのコツは「開示されている行政資料を使う」こと。自治体は公式WEBサイトなどに自ら公表している行政計画や地域のための施策・事業等に関する資料については説明責任があります。そうした公開資料の内容への質問や意見交換などを目的としてアポイントを申し入れれば、彼らはその説明責任を果たす義務があり、時間を取ってもらえる可能性が高くなります。

「もしもし、○○市○○課でいらっしゃいますか。私は株式会社○○の鈴木と申します。お世話になっております。ホームページを見てお電話したのですが、今年度の事業計画の中に○○という取り組みがありますよね。この取り組みについて弊社のサービスが地域にどのように活かせるか意見交換をしたいのですが、少々お時間をいただくことは可能でしょうか？」。

このように自治体アポには相手との間に行政資料を挟むこと。これがコツです。

補足です。アポイントの所要時間について。1時間だと忙しい彼らには負担なので断られます。15分だと本気度について疑われて、ただのセールスだと思われてしまいます。30分程度だと比較的了解してもらいやすいので、こうした時間のさじ加減も覚えておくとよいでしょう。

訪問する前の準備

訪問する前の事前準備について。初めての訪問なら会社概要と製品やサービスのパンフレットは当然用意しておきましょう。

その他に必要なこと。まずはその部署に関わる行政資料に目を通しておき、その部署が地域に対して何をしようとしているのかをざっくり掴んでおきます。会話のネタの仕込みだと思って下さい。

もうひとつはその部署の予算の確認です。これも営業活動では欠かせませんよね。

そして意外に忘れがちなのは、その市の概要。特に人口は税収面で歳入の基本でもあり、自治体の物事の考え方の多くはその都市の人口規模で決まります。たとえば新しい事業でも同じ人口規模の自治体が先行して行っているものをまず参考にしたりします。会話でもよく出てきますので訪問先の自治体の人口は必ず覚えておきましょう。

訪問のときに気をつけたいこと。部署に直行

実際に訪問するときの留意点です。そもそも論ですが、自治体の1年間で大きなイベントといえば議会です。議会は3の倍数月である6月、9月、12月、3月の年4回予定されています。この時期は議員さんの一般質問に回答しなければならなかったり予算委員会に対応したりで特に管理職は大忙し。訪問先の部署の管理職の同席を求めるときは、できれば議会開催月を外してアポイントを取るのがマナーです。

さてお目当ての自治体の本庁舎の玄関から建物に入りました。1階のフロアには総合受付があります。民間企業の場合はこの総合受付をまず通してどの部署の誰にアポイントがありますよと受付の方に告げ、会議室に案内してもらうという流れになりますよね。

自治体の場合は、総合受付でアポイントがあることを申し入れても受付カウンターの担当者はケゲンそうな表情で首を傾《かし》げてしまいます。実は自治体の総合受付は市民サービスの一環で設けられていて、多くの場合は庁舎内のご案内をするのが役目。各部署へのアポの窓口はしていません。お目当ての部署に直行しましょう。

行間を読め！　職員との折衝ポイント

自治体の職員さんから情報を集めたい時。職員さんは自発的には情報は流してくれません。特定の企業に能動的に接するのは公務員倫理上どうしても心理的な抵抗があるのです。

一方で企業サイドからいろいろと質問したり尋ねたりすれば、逆に説明責任があるのでその職員さんの権限が及ぶ範囲のことは教えてくれます。なので営業活動では話し上手より引き出し上手の方が有利。営業担当者は傾聴力を磨いておきましょう。

また、地方公務員は全体の奉仕者。要するに博愛主義者です。悪く言えば八方美人とでも言いましょうか。どんな企業にも一緒にいる時は「あなただけよ」という態度で接してくれますが、ほかの企業にも同じように「あなただけよ」と言っています。ある意味とてもフェアですよね。ですから口頭で御社の提案は大変効果的ですから見積もり案を出してくれますか、と言ってくれていても、他社にも同じ対応をしていると考えて下さい。必ず見えないところに数社ライバルがいることを念頭に置いて営業活動を進めましょう。

(2) 1年待ちを避ける！　受注活動、年間の流れ

自治体の年間の活動は、それぞれの時期でやるべきことが決まっています。営業活動もそうした自治体の内部活動に合わせて、すべきことのキモが変わってきます。しかるべき時期に必要な営業上の働きかけを逸してしまったら、次にチャンスが来るのが1年後。取り返しがつきません。

ここでは1年間の営業活動を四半期に分けて、それぞれの時期で最低限やらなければならないことを例示します。

第1四半期（4月〜6月）。情報提供で信頼関係をつくる

まずは所属長（部署の長で決済権を持っている課長や室長など）と、ねらいとするお仕事の担当職員に人事異動があるかどうか確認しましょう。異動があった場合、少なくとも所属長への早い段階への挨拶をしておき、新たな担当職員との信頼関係を早めに築きましょう。

担当職員からの信頼を獲得する最も早道なのが情報の提供。新任の職員さんならば今の部署の仕事と全く関係のない仕事をしている部署から異動してきたケースも少なくありません。そうした職員さんがほしいのは、今のお仕事を進める上で必要ないろいろな外部の情報です。具体的に言うと、他の自治体での同じような事業の実施事例や先進的な取り組みなど。こうした情報を定期的にお届けすれば、知らない職場に放り込まれて心細くて仕方がない新任職員さんの心のスキマを埋めることに成功。あなたは頼れる知恵袋として、新任職員さんからの絶大な信頼を獲得することができます。

担当職員さんと信頼関係が築けたら、前年度のお仕事を受託した競合他社のお仕事の出来栄えなどについて聞き出しておきます。そうすれば入札やプロポーザルになったときにライバル対策をたてるのに役に立ちます。

第2四半期（7月〜9月）。発注形態の確認

第2四半期でやるべきこと。7月の段階で前年度からの継続事業や新たな事業の計画の可能性について意見交換をしたり、企画提案書を出したりしながら予算化に向けて内容を固めていきます。

一方で予算化されたときにどのような発注形態になるか確認しておきます。発注形態はそう、6種類ありましたよね。それぞれで戦い方が違ってくるので早めに情報を仕入れておきましょう。

そして9月の段階で参考見積りの提出について了解を得て、最終的には仕様書・見積書、プロポーザルの場合はプロポーザル実施要領か入札説明書の3点セットを含む予算要求書の作成のお手伝いに絡めるように進めましょう。

第3四半期（10月～12月）。財政部門とのヒアリングの支援

この時期でもっとも重要なのは10月前後から開始される予算要求についての財政部門とのヒアリングの支援です。担当の職員さんに財政部門へのプレゼンテーションを乗り切ってもらうために、統計資料や他の都市の類似事業の事例など、必要な資料を確認してどんどん提供しましょう。

第4四半期（翌年1月～3月）。次年度に向けた受注の準備

第4四半期のポイント。提案した予算要求書はもう手を離れています。12月議会で実質の予算がほぼ確定するので、この段階ではもう次年度に向けた受注の準備にとりかかりましょう。まずは次年度の事業者選定の時期と発注形態の再確認です。特に4月1日からお仕事が始まる場合は年度内に入札かプロポーザルが行われるためにここはしっかり確認です。

また、コンソーシアムを組む場合は公告されてからでは体制づくりが間に合いません。組みたい会社とは包括契約を締結するなど、すぐに体制が取れるように関係を作っておきます。

そして外せないのが所属長と担当職員の人事異動予定の確認です。1年間信頼を築いてきた担当職員さんが異動でいなくなってしまうと、年度明けに新任の担当職員さんは全く今までの経緯がわからないので入札やプロポーザルを自分たちに優位にコントロールしにくくなります。もし担当職員さんが異動してしまう見通しのときは、後任職員さんへのしっかりした引き継ぎをお願いしておきましょう。

(3) ここが決め手！　予算化と事業提案のポイント

こうした四半期ごとの活動の中で、特に次年度のお仕事を取るために決め手となるポイントをご紹介しておきましょう。これは絶対に外したくないところです。

部署の行政計画の実現に貢献する提案を

次年度にあなたの会社が提案した事業が予算化されれば、内容を一番よく知っているあなたの会社はその事業を勝ち取れる可能性が当然高くなります。ぜひ積極的に事業の提案はしていきたいものです。

その時のポイントは、関連の行政計画の中で相手の部署がどんなことをやろうとしているのかを必ず確認して、その方向性をはずさないように、またその計画の実現に自社の製品やサービスがどのように貢献するかという観点で提案するのが基本です。

勝率を高めるための仕掛けはここ！　仕様書などの予算書作成に絡む

自治体のお仕事が前の年度で内容を見積もって予算化され、それを最終的に議会が承認して初めて決まるということは、もう皆さん理解されていることと思います。

この予算化の段階でお仕事発注元の自治体部署がつくる資料のひとつが「仕様書」。お仕事の背景や目的、参加条件、お仕事の具体的な内容を示したもので、次年度にお仕事にエントリーした会社はこの仕様書を見てどのくらいの金額で仕事ができるか計算して入札金額を決めます。

この仕様書は担当職員がつくりますが、実はしっかり担当職員と信頼関係をつくっておけば企業担当者が仕様書づくりにかかわったり、仕様書案づくりを任せてもらったりすることができるのです。四半期ごとの営業活動では第２四半期で取り組むことでしたよね。

さてその仕様書づくりに絡めるというアドバンテージを存分に活かして仕掛けるのが「参入障壁《さんにゅうしょうへき》」の仕込み。仕様書をつくるときに、他社が入り込みにくい参加条件を設けたり、お仕事の金額を計算するときに煙にまく罠をかけたりするという「仕掛け」を仕込んでおきます。要するに次年度に仕様書を見たライバルを、「ええ？　この参加要件じゃウチの会社エントリーできないじゃん」「何じゃこりゃ。何をどこまでやればいいのかさっぱりわからん！」という状況に追い込むのです。この仕掛けを「参入障壁」といいます。

かわいそうなライバルたち。バトルが始まる前にふるい落とされ地団駄を踏む。撹乱されてゼロが予算より一桁も二桁も多い金額を出してしまう。企画提案書で求められている要件の内容がさっぱりわからずにマト外れな提案をしてしまう。こんな憂き目に遭って、あえなく轟沈します。あなたの会社はそれを「ふふん」と横目で見ながら、しれっと適正価格で入札に応じたり、自分たちの強みを存分に活かした企画提案書を出したり。勝ちは自ずと転がり込んできます。

戦わずして勝つ。これが最も勝率を高める上で確実な方法ですね。

3つの参入障壁を仕掛ける

さて、仕掛ける参入障壁で代表的なものは3種類。

ひとつ目は「参加資格障壁」。仕様書の冒頭にお仕事に参加できる企業の要件を設けた項目があります。そこにライバル会社が入れなくなる条件を盛り込んで意地悪をすることが参入資格障壁です。

たとえばライバル会社が持っていない許認可を参加資格要件にする、ライバル会社にいない珍しい資格保持者を担当者とすることを条件とする、ライバル会社にない業務実績を要件とするなどがよくあるパターン。

以前所属していた会社でエコイベントのプロポーザル事業の仕様書づくりに絡んだときのこと。後輩社員が聞いたこともない資格を取りました。それは「こども環境管理士」。これは日本生態系協会によって与えられる資格で、自然や環境問題の正しい知識を身につけ、豊富な自然体験を乳幼児に与えることのできる人材を評価することを目的とした資格です。「この資格、何するための資格なの？」とその後輩に尋ねたところ、彼でさえ「僕にもよくわかりません」と何とも頼りない返事が。

でも会社としてこれを使わない手はありません。そのエコイベントの仕様書の参加資格に「こども環境管理士の有資格者を担当とすること」という参加資格障壁をダメ元で盛り込んでみました。さすがにちょっとやりすぎたかな、マイナー資格で露骨だから課長決済に通らないだろうなぁと思っていたところ、あっさり課長決済をパス。次年度プロポーザルになったときには私が所属していた会社1社しか応募がなく、労せずしてそのお仕事を受注することができました。

2つ目は「業務内容障壁」。仕様書の中のまさしくお仕事の「仕様」、つまり業務内容に当たるところに意地悪を仕込みます。自社しか持っていない技術やノウハウや情報を使わなければできないことを盛り込んだり、他社が読んだだけでは何をするかよくわからないあいまいな項目をいくつも潜り込ませたりするのが代表的なカベの種類。

入札になった時にはライバル会社は正確な積算ができません。プロポーザルの場合は自治体のニーズが汲み取れないので的確な提案ができません。エントリーはできますが勝てる会社は限られてくるという特徴があって、仕掛けられた方はとても消耗して次の案件を戦う意欲さえ低下してしまいます。

業務内容障壁を設けやすいのは独自の製品やサービス、ノウハウを持つ企業。自社に独自性を見出しにくい会社は、こうした企業とコンソーシアムを組むことを前提として業務内容障壁を仕掛けるのもよいでしょう。

3つ目は「評価基準障壁」。プロポーザルや総合評価落札方式のとき、実施要領や要項に仕込みます。

評価基準は、評価項目と評価点で構成されています。実施要領をつくる時、自社が有利な分野の評価項目は配点を高くし、自社が弱みとする評価項目は配点を低くする仕掛けをします。たとえば実績の少ない会社の場合は実績点の配点を低く、逆に実績が多い場合は配点を高く設定します。独創的な提案をウリにした事業なら事業の独創性という項目を設け配点を高くしておきます。

こうすることで企画提案書をつくる際に自社に有利になるよう意地悪をしておくと勝てる可能性が高くなります。

予算化ヒアリングは全力でバックアップを

最後は事業部門のフォローアップについて。予算要求書が揃ったら全ては企業側の手を離れて自治体内部の予算化調整段階に入ります。年間スケジュールでは第3四半期でしたよね。

ここでのポイントは事業部門が財政部門に対して行うヒアリング。実質はプレゼンテーションです。ここで財政部門に首をタテに振らせないと4月から頑張ってきた予算化の取り組み

自治体の受注に必要なものは

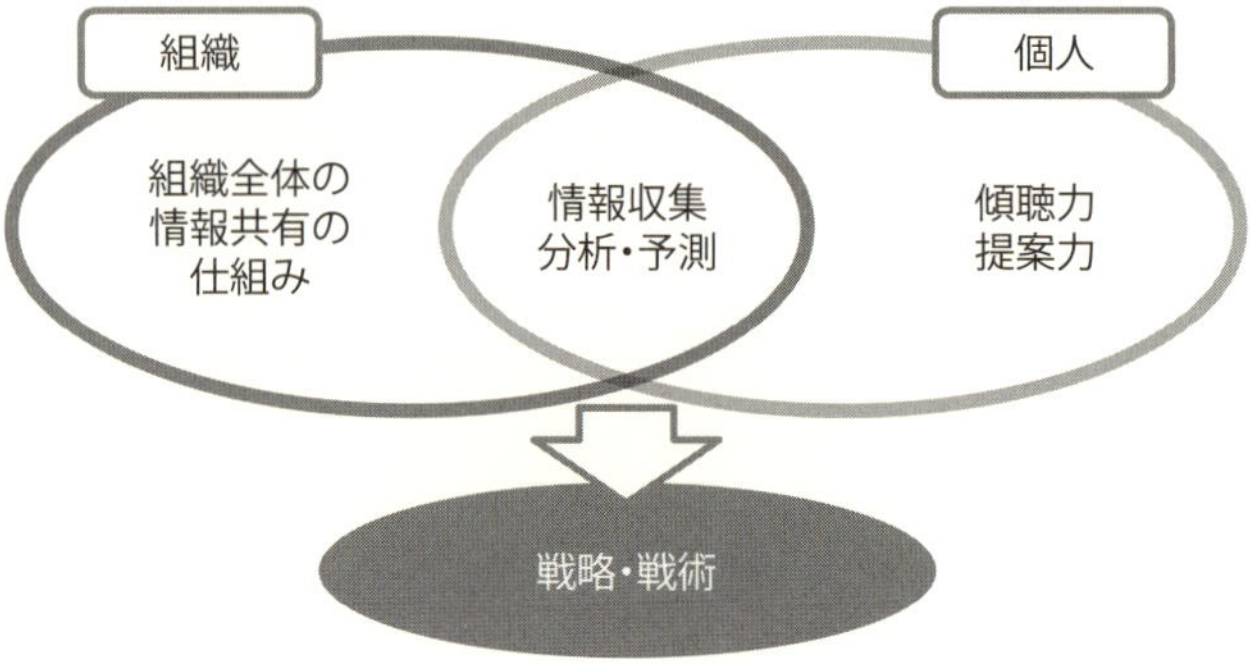

は水の泡。企業サイドとしては事業部門担当職員さんには是が非でも頑張ってもらわねばなりません。

このプレゼンテーションを乗り切ってもらうための、ありとあらゆる情報を集めて事業部門の予算化担当職員に提供します。たとえば提案した事業を裏付ける統計的なデータや、類似の事業が他都市でどのような成果を上げているのかという情報などが効果的。こうしたフォローアップをすることで、さらに担当職員との信頼関係が強くなり、その後の営業活動がやりやすくなることも利点のひとつ。これがお仕事を確実に取るための3つめの秘訣です。

さて、いかがでしたでしょうか。

自治体のお仕事を取るために必要なのは、個人の力だけではなく、自治体ならではの段取りや特徴をおさえた上で、チームで取り組む「組織力」がとても大切。そしてさまざまな切り口から情報を集めて予測し、戦略・戦術を立てていく。これが一番重要なアプローチだといえます。

ずば抜けたスキルを持つトップ営業マンがいなくても大丈夫。決まった段取りをしっかり踏んでチームワークよく情報共有を図りながら営業活動や企画提案書づくりを進めれば、どんな会社でも自治体のお仕事を取っていくことができるのです。

中小零細企業でも、自治体お仕事ビギナーでも。地方自治体ビジネス、ぜひ多くの会社にトライしていただきたいものです。

7章

最高に信頼される
ビジネス・パートナーになる方法

どうせお仕事するなら、頭を下げてお仕事をもらう下請け的な立場じゃつまらないですよね。自治体とのお仕事もそう。職員さんが地域のための事業を考えあぐねたときに、そうだ、彼に相談してみようとあなたの顔が真っ先に思い浮かぶ。そんな頼もしいビジネス・パートナーでいたいと思いませんか。

そのためには、なにはさておき信頼関係をつくること。民間企業でもこれは同じです。特に営業活動の上流工程では、あなたがどこまでその部署の信頼を得られるかが勝負どころとなります。

ではどうやったら自治体からの信頼を手にすることができるのでしょう。足繁く通って顔を出すことでしょうか。最先端の独創的な製品やサービス、それとも誰もが惹きつけられる営業トーク？

カギをにぎるのは「情報」です。自治体が地域住民のための事業を考えるときに必要な情報、それも常に最新の情報を持っている会社は全国どこの自治体でも大切にされます。

1　情報提供に力を入れよう

地方自治体がとっても好きな情報は大きく分けて次の3つ。これらをメルマガなどのツールで定期的に発信したり、「ちょっと耳寄りな情報を仕入れたのでお伺いしてよろしいでしょうか」とアポイントを取るきっかけにしたり。自治体とのラブラブな関係をつくる第一歩となるでしょう。

ひとつだけ押さえたいのは「情報は文書にする」こと。担当職員さんが上司に報告するときに上司がその文書を見れば全てがわかるというレベルのまとめ方が基本です。ざっくり概要だけ箇条書き、大切なところの補足説明は口頭でというのはできれば避けたいもの。あとで職員さんが職場内部で情報共有を図るときに、うまく説明できなかったら、せっかくの情報が台無しになってしまいます。

(1) 先進的な事例を伝える

まずはその分野ではどの自治体も手がけていない先進的な製品やサービスを活用した地域のための事業事例。この場合は民間企業でも海外の事例でも大丈夫。他の自治体がやっていないことを全国に先駆けて手がけたいという志向が強い自治体にはぜひぶつけてみましょう。

このときにやはり注意しなければならないのは「その新たな取組みがどのようにその自治体の地域を幸せにするか」について具体的に整理して情報を示すこと。あくまでも見据えるのは目の前の職員ではなく、その後ろにいる地域住民です。

(2) 他の自治体の事例を伝える

他の自治体の事例は自治体が最も好きな情報メニュー。理由はあきらかですよね。自治体が地域の事業を検討するときにもっとも嫌うのが「リスク」。他の自治体で既に実施されて成果が上がっている事業を参考にすれば、失敗して税金をムダにするようなことも避けられます。

さて、ここで問題になるのが事例を集める自治体の選び方。たとえば人口1000万人を超える大都市東京都の「女性の社会進出支援事業」を、地域のほとんどが山あいで主要産業が農林業の自治体に紹介したらどうなるでしょう。「人口が多い都会の事業だし、社会進出って言っても働く女性を取り巻く状況が東京とウチとじゃ違いすぎて参考にならないよ」ということになってしまいます。

営業先の自治体が「お、これは参考になる事例だね」という自治体。選び方は次のように

３つのカテゴリー

用語	概要	あてはまる自治体（平成25年10月現在）
政令《せいれい》指定都市《していとし》	政令市《せいれいし》ともいう。人口50万人以上の市	札幌市、仙台市、さいたま市、千葉市、横浜市、川崎市、相模原市、新潟市、静岡市、浜松市、名古屋市、京都市、大阪市、堺市、神戸市、岡山市、広島市、北九州市、福岡市、熊本市
中核市《ちゅうかくし》	人口30万人以上の市	旭川市、函館市、青森市、盛岡市、秋田市、郡山市、いわき市、宇都宮市、前橋市、高崎市、川越市、柏市、船橋市、横須賀市、富山市、金沢市、長野市、岐阜市、豊橋市、岡崎市、豊田市、大津市、豊中市、高槻市、枚方市、東大阪市、尼崎市、西宮市、姫路市、奈良市、和歌山市、倉敷市、福山市、下関市、高松市、松山市、高知市、久留米市、長崎市、大分市、宮崎市、鹿児島市、那覇市
特例市《とくれいし》	人口20万人以上の市	八戸市、山形市、水戸市、つくば市、伊勢崎市、太田市、川口市、所沢市、越谷市、草加市、春日部市、熊谷市、小田原市、大和市、平塚市、厚木市、茅ヶ崎市、長岡市、上越市、福井市、甲府市、松本市、沼津市、富士市、春日井市、一宮市、四日市市、吹田市、茨木市、八尾市、寝屋川市、岸和田市、明石市、加古川市、宝塚市、鳥取市、松江市、呉市、佐賀市、佐世保市

なります。

人口規模が同じ自治体の事例を伝える

地方自治体は人口の規模によって地域のためにできるお仕事の範囲が微妙に違います。ということは同じ人口規模の自治体の事例は担当職員さんにとっては大助かり。響き方が違います。

都道府県は都道府県同士、市町村は同じ人口規模の市町村同士。これが基本です。

ちなみに大きな人口の市の場合、人数によって３つのカテゴリーがあります。このカテゴリーの中で事例を調べるとよいでしょう。

お隣りの自治体の事例を伝える

境界線が接しているお隣さんのことを自治体用語で「近隣他都市《きんりんたとし》」といいます。お隣さんならだいたい地域の課題は似通っていますよね。自治体内部でその事例を参考に予算化するときにも「近隣他都市の○○市も手がけている事業です。我が市も早急に対応する必要があります」と訴えれば、財政部門の査定や議会の通りやすさが違ってきます。

地域特性が同じ自治体の事例を伝える

その他のくくりは「地域特性」。産業構造、気候、都市部なのか中山間地域なのか、海ありか海なしかなどによって地域に適した事業は特徴が出てきます。こうした同じ特徴を持つエリアの自治体の事例も注目する価値ありです。

客観的なデータ事例を伝える

自治体のお仕事が事業として予算化されて実際に議会に通るまでには、自治体の内部でさまざまなハードルがありました。財務部門のヒアリングが最たるものでしたね。そのときに効いてくるのが、事業を安心して予算化できる裏付け情報。数値化された客観的なデータがこれにあたります。ただし自治体側もいろいろ調べていますから、総務省や大手シンクタンクが作った調査報告書などネット上に開示されている情報はすでに入手済みと考えていいでしょう。

こうした時にものをいうのは、自主調査報告書。たとえば同じ規模の自治体の同じ事業を行っている部署に対して電話ヒアリングやアンケート調査を実施して、その結果を自主調査報告書として取りまとめて、営業ツールとして使うという方法があります。

コストや時間がかかりますが、正確な情報をピンポイントで確実に集められる手法なので、余裕があれば挑戦してもいいかもしれません。

2 営業を頑張らなくても自治体の方から連絡が来る理想の方法とは

せっせと情報提供する以前に、自治体の方からいつも連絡が来る状態をつくれれば理想的ですよね。

そうした状態をつくるのにオススメなのが「研究会」の開催。自治体担当者はいつも「他の自治体担当者はどう考えているのかな」と情報を欲しがっています。そこで、地方自治体の担当者同士が交流する場として研究会を立ち上げ、年に3回から4回くらい参加希望自治体を集めてお互いが持っている情報を共有してもらうのです。

その研究会の主催者となることのメリットは2つあります。

ひとつ目は、一度に数多くの地方自治体担当者とのネットワークを作れるということ。

2つ目は、各自治体のお仕事に対する考え方や予算化の情報を他社に先駆けて手に入れることができること。お目当ての自治体を複数囲い込むことができるというわけです。

「研究会」というと、とても格調高い会場を確保し、プロの司会を呼んで、人数も100人から集めなければならないのかな、とちょっと引き気味になってしまった方。最初からそんな大層なことをする必要は全くありません。地域の貸し会議室や、自社の会議室でも大丈夫。最初は少人数からでもいいのです。大切なのは続けること。1年間続ければ、他社には作れない対等なパートナーシップを自治体担当者との間につくり上げることができます。

参考までに研究会のプログラム例。それがこれです。

研究会の準備から実施までのプロセスで注意するべき点で代表的なものを5つご紹介しましょう。

研究会プログラム例

時間	プログラム	実施内容
13：30～13：40	ガイダンス	参加者を4、5名ほどのグループに分けて、研究会の進め方についてご案内する。
13：40～14：45	ゲストスピーチ	その分野で先進的な取り組みをしている自治体担当者にゲストスピーカーを依頼して事例を紹介してもらう。
14：45～15：00	休憩	休憩時間に名刺交換などを促す。
15：00～16：00	グループディスカッション	ゲストスピーチ内容について各グループの自治体担当者で意見交換を行う、自団体の活動内容の紹介や悩みについて話し合う。
16：00～16：30	情報共有	各グループでしたディスカッションの内容を発表し合い、参加者全員で情報をシェアする。
16：30～17：00	アンケート、次回開催案内	研究会の内容、次回希望するテーマなどについてアンケートに記入してもらい、次回開催案内をしてから閉会する。

研究会設立趣意書をつくる

研究会に参加したい職員は、研究会に出席する妥当な理由を所属長に報告して、決済をもらわなければなりません。なにせ彼らの仕事は地方自治法や地方公務員法でがんじがらめ。決められた仕事以外の目的では外出すらままならないのです。

その決済をもらう時に必要なのが「研究会設立趣意書」。この研究会はカクカクシカジカの目的で開催し、こんな成果を目指しますよ、そして成果は地域の事業を検討するためにお役立ていただけますよ、という開催目的とともに、実施回数、実施内容、研究成果のまとめ方や取り扱い、事務局連絡先などが趣意書の内容になります。

この趣意書を使えば所属長の決済を取りやすくなって、職員は晴れて出席可となるのです。

参加費は無料にする

これは自治体予算の仕組みをわかっていれば容易に想像がつきますよね。研究会出席の費用は前年度に予算要求していないとビタ一文出ないのです。また、そのような税金の使い道を財務部門がＯＫするとも思えません。旅費交通費は負担していただきますが参加費は無料とする、が大原則です。

開催は午後からにする

これは遠方から参加する自治体への配慮として欠かせません。交通費はともかく宿泊費用までは都合がつかないからです。午前中は参加自治体の移動時間として確保できるように午後からの開催としましょう。

できればゲストスピーカーは自治体職員で

ゲストスピーカーにその分野で名の通った研究者などを呼ぶというのもひとつの方法ですが、講演料がかかってしまいます。なるべくコストをかけずに開催したいのなら、先進的な取り組みをしている自治体の担当職員にゲストスピーチをお願いしてみましょう。

そうした自治体の担当者は他の自治体からの事業視察を受け入れていることが多いのです。そうすると視察に来た他の自治体職員の前で事業を説明するプレゼンテーション資料がすでに作ってあったりします。それを使ってスピーチしていただければ理想的。資料を研究会のために新たに作ってもらう負担をかけずに済みます。

この場合講演料はどうするか。スピーチをお願いする自治体職員さんに規程があるか尋ねてみましょう。お車代程度を求められることもあれば、いただきませんよという場合もあります。

自社の製品やサービスのＰＲはしない

主催するあなたの会社としては、多くの自治体が一堂に会するこのチャンスを逃さず自社製品やサービスをアピールしたくなりますよね。でもそれはご法度。自治体は全体の奉仕者として、どのような企業とも公平に接しなければなりません。特定の企業と担当者レベルで結びつくことをとても嫌います。営業色が強いと次回の参加者はゼロということも。

継続して自治体担当者と関係を深めたいのなら、研究会の場では自社の営業活動は極力自粛しましょう。

3 わが街を、豊かな地域を一緒に創っていく！　最高のパートナーとして

自治体とお仕事をする。考えもつかない方も多かったのではないでしょうか。

そうは言ってもウチは中小零細企業。自治体のお仕事をとるための面倒な手続きや準備なんてとても手が回らない、という会社も多いでしょう。

そんな中小零細企業のためにぜひ活躍していただきたいのが、地域に密着してお仕事をしている個人コンサル事務所や中小企業診断士、行政書士などの士業の方々。

そうした方々は一般企業よりも自治体などの役所のルールや法令に明るいはず。なによりも顧問先として指導をしている会社さんへ自治体ビジネスの獲得コンサルティングなどができるようになれば、新たな事業領域として同業者と差別化を図れるのではないでしょうか。

士業の方々にはぜひ地域の自治体からのお仕事にも関心を持っていただき、地域の中小零細企業が自治体ビジネスを進める助けになっていただきたいものです。

最後になりますが、自治体にとっての最高のパートナーを目指して一緒にお仕事をすることで、皆さんにもたらされる価値とはなんでしょうか。

それは、今まで見えてこなかった、メディアなどでは語られない地域のリアルな姿のひとつひとつがパズルのピースが繋がるように見えてくること。こうした中で得た新たな気づきや発見は、ビジネスパーソンとしての皆さんの腕前を磨いたり、視野をより広げたり、新たなビジネスチャンスを開拓することなどに驚くほど役に立つことでしょう。

そして、なによりも価値があるのは、自治体とパートナーとして仕事をすることで、お互いの間にあった認識のズレやカベがなくなっていくこと。お互いを理解するためには、一緒に仕事をするのが一番ですよね。

自治体・民間企業双方が「さすが民間企業、スピード感のあるいい仕事してるんだな」「公務員もなかなかがんばってるじゃない」など、お仕事を通じてそんな思いを共有できる局面がいくつもあれば、地域を、そして地域の集合である我が国を一緒に創っていく真のパートナーシップがきっと築けることでしょう。

たくさんのお仕事、そしてたくさんの部署のまだ会ったことのない自治体職員さんたち。彼らは今この瞬間も、そしてこれからもずっと、企業としての皆さんのエントリーを両手を広げて待っていることを忘れないで下さい。

あとがき

私、地方自治体が大好きなんです。お役所の庁舎に行って1階ロビーに入ると、ふっと心がほどけるような感じがしてつい和んでしまう。長年、地方自治体ビジネスの世界にどっぷりだったことの「弊害（?）」なのかもしれません。

地方公務員の方々のことも大好き。いままでお仕事で一緒にタッグを組んだ全国の担当職員の方々、皆さん例外なく地域づくりに高い志を持って献身的に仕事に取り組む方ばかりでした。そんな地方公務員の方々に時には怒られながら、時にはガンガン議論しながらビジネス人生を歩んできました。私が曲がりなりにも仕事ができるようになったのは、自分のセンスや能力でも、籍を置いていたコンサル会社の指導や教育でもありません。全国津々浦々の地方自治体と地方公務員の皆さんに育てていただいたからだと思っています。

このことをビジネス仲間に話すと、「古田さんってちょっと変わってるよねぇ」と言われて変人扱い。それでもいいんです。好きなものは好きなんですから。

そんな変な私の話、ちょっとだけさせて頂いてよいでしょうか。

大学卒業後、紆余曲折を経て入社した会社の業種は、建設コンサルタント。国や地方自治体などが発注する公共事業やまちづくり、住民サービスなどの業務を受託することを生業《なりわい》としています。そこでの私の主な仕事は国や地方自治体への営業でした。

バブル華やかなりしころに学生生活を謳歌した私にとって、営業はまさに異次元の世界。当時の上司に「営業やれ！」と言われた時の脳ミソの惑乱ぶりは今でも鮮明に思い出されます。えっ、営業、ですか。人んちの玄関に上がり込んで化粧品や生活用品を言葉巧みに売りつける、あれっすか！　がーーーーん。

今にして思えば何言ってんだこいつ、と笑ってしまうくらいズレた認識だったのですが、有無を言わさずその日から官公庁営業の日々が始まりました。都庁第一庁舎の最上階からワンフロアごとに非常階段を使って各部署へ名刺を配りながら降りていく。一番下まで来たら、こんどは第二庁舎の最上階にエレベーターで登って、同じことをしながら最下層へ。それを来る日も来る日も繰り返しました。いわゆる「ドブ板営業」ってやつですね。階段の昇り降りってこんなにお腹が空くんだ、ということを学んだ以外は合理的な仕事のようには思えず、それを上司に訴えてはいつも怒られていました。

そうこうしているうちに入札や企画提案書を競って仕事を取るプロポーザルなどの手続きや、案件の打ち合わせなどに徐々に携わるようになりました。最終的には次年度の予算を取るための営業活動までひと通り任されるようになり、国や地方自治体の民間企業への業務発注の仕組みをだいたい理解できるようになったのです。そして入札や企画提案を戦って勝率を上げるノウハウも、大ワザ小ワザを含めて判るようになってくる。取ってきた仕事もどんどん任されるようになる。当然お仕事も楽しくなってきますよね。なにせ自治体のお仕事はどんな分野でも地域の人々の暮らしを直接的・間接的に幸せにするものばかり。やりがいは世の中のお仕事の中でもイチオシだと思います。

こうして私の地方自治体好き・地方公務員好きの変態体質（？）は長年にわたって形成されていったのでした。

そんなわけで、この本がビジネスを通じて私の大好きな地方自治に携わる方々と民間企業との素敵な関係づくりにちょっとでも役に立つとすれば、かつてのドブ板営業の日々も報われようというものです。

…ところがいざ書き始めたものの、いやいやものを書くってここまで大変だとは！　連日のたうち回って苦しみました。

なにせ公共行政分野でのキャリアが長い。これもその弊害なのでしょうが、自分で読み直すとまるで国や自治体に提出する調査報告書のような、漢字率のめちゃ高い角ばった文章。地方自治体ビジネスをわかりやすく紹介するために書いているのに、その文章がわかりにくくてどうする！　びし！　と本書最後の自分ボケとツッコミを入れさせていただきました。

どうやったらわかりやすく自治体組織や予算措置、発注プロセスのことを伝えられるか。こだわるあまりに毎日激しくＨＰを消耗。ようやくペースが上がってきたころには、なんと人生初の入院・手術という想定外のライフイベントが！　あとがきを書いている今はもうケロリとしていますが、本文を書き上げた時にはリングコーナーの丸椅子に座って真っ白に燃え尽きている「あしたのジョー」状態でした。

この本をお手にとってこのあとがきまで目を通してくださったすべての方々へ。心から感謝しています。改めましてお礼申し上げます。

本書をきっかけに少しでも多くの方々が、「地方自治体ビジネスって面白そう」「ウチもやってみようかな」と第一歩を踏み出していただければ、これにまさる喜びはありません。

ありがとうございました。

ビジネスチャンスはこんなに身近に！
地方自治体に営業に行こう‼

〈著者紹介〉
古田智子

慶応義塾大学卒。官公庁営業マンへの個人指導から集合型研修などの人材育成、官公庁営業スキームの構築、営業ツールの作成指導・営業戦略の策定支援まで、官公庁営業 20 年のノウハウに基づき幅広いコンサルティングメニューを展開。官公庁営業を知り尽くしたプロフェッショナルとして、我が国唯一の官公庁営業ソリューション事業を展開している。

URL：http://www.lgbreakthrough.jp

編集　ナイスク　http://naisg.com
松尾里央　松尾喬　河村佳枝

装丁・デザイン　小中功

2014 年 10 月 3 日 初版 第 1 刷発行
著者……　古田智子
発行者…　村山秀夫
発行所…　実業之日本社
〒 104-8233 東京都中央区京橋 3-7-5 京橋スクエア
電話 03-3562-1967（編集）
電話 03-3535-4441（販売）
URL http://www.j-n.co.jp/
印刷所…　大日本印刷
製本所…　ブックアート

ISBN 978-4-408-33118-8　（編集企画第一部）